W. Nöldeke

Sophie, Kurfürstin von Hannover

Abgedruckt aus den Programm der Stadttöchterschule

W. Nöldeke

Sophie, Kurfürstin von Hannover
Abgedruckt aus den Programm der Stadttöchterschule

ISBN/EAN: 9783743392113

Hergestellt in Europa, USA, Kanada, Australien, Japan

Cover: Foto ©ninafisch / pixelio.de

Weitere Bücher finden Sie auf www.hansebooks.com

Sophie,

Kurfürstin von Hannover.

Von

Dr. W. Nöldeke,
Director der Stadttöchterschule.

(Abgedruckt aus dem Programme der Stadttöchterschule.)

Hannover.
Hahn'sche Hofbuchhandlung.
1864.

Für die auf den nachstehenden Blättern erzählte Lebensgeschichte der Kurfürstin Sophie sind folgende Quellen benutzt:

Versuch einer Geschichte des Lebens und der Regierung Karl Ludwigs, Kurfürsten von der Pfalz. Genf 1786.

Sophie, Kurfürstin von Hannover im Umriß von J. G. H. Feder. Hannover 1810.

Spittler, Geschichte des Fürstenthums Hannover. 2. Aufl. Hannover 1798.

Stüve, Beschreibung und Geschichte des Hochstifts und Fürstenthums Osnabrück. Osnabrück 1789.

Havemann, Geschichte der Lande Braunschweig und Lüneburg. 3. Band. Göttingen 1857.

v. Malortie, der Hannoversche Hof unter dem Kurfürsten Ernst August und der Kurfürstin Sophie. Hannover 1847.

Gregorio Leti, Ritratti istorici. Amsterdam 1786.

Chevreau, Chevracana.

Kers of Kersland, Memoirs.

Burnet, History of his own time.

Briefe der Prinzessin Elisabeth Charlotte von Orleans. Sechste Publication des literar. Vereins in Stuttgart. 1843.

Erman, Mémoires pour servir à l'histoire de Sophie Charlotte, reine de Prusse.

Poellnitz, Mémoires. Vol. I.

Gubrauer, Gottfried Wilhelm, Freiherr von Leibniz.

Förster, Friedrich Wilhelm I. Theil I.
Ave Auguste. Osnabrück 1662.
Fabricius, Selenius et Selene. Heidelberg 1658.
Le Charme de l'Amour. Ballet. 1681.
Neues Teutsches Carneval. 1688.
Der Schwäbische Bauer. 1694.
Coberg, Kaysers Augusti Schätzung.
Schwencke, Geschichte der Hannoverschen Truppen in Griechenland.

Citate unter dem Texte sind vermieden, theils um den Raum zu sparen, theils weil sie für den nächsten Zweck der Arbeit, den Schülerinnen ein Bild aus der Vergangenheit des eigenen Vaterlandes zu geben, entbehrlich sind. Ein vollständiges Lebensbild der Kurfürstin Sophie wird sich erst dann darstellen lassen, wenn ihr Briefwechsel und ihre Memoiren der allgemeinen Benutzung völlig zugänglich geworden sind.

# Sophie,

Kurfürstin von Hannover.

„Deutschland ist das einzige Land in der Welt, welches den Ruhm seiner großen Landeskinder weder anzuerkennen, noch unsterblich zu machen weiß; es vergißt sich selbst und die Seinigen, wenn es nicht von den Fremden an seine Schätze erinnert wird." Das ist ein hartes, aber oft bewährtes Wort des großen Philosophen Leibnitz, der selbst bei fremden Völkern mehr Ehre und Anerkennung gefunden hat, als bei seinen Landsleuten. Wenn dieser Ausspruch im allgemeinen für uns eine Mahnung enthält, die in demselben gerügte Schwäche zu überwinden und die großen Vorbilder für unser Streben in der glänzenden Reihe der großen Geister unseres eigenen Volkes zu suchen, so erinnert er uns ganz besonders daran, den Zoll ehrender Anerkennung der erhabenen Frau nicht zu versagen, welche sich oft und gern Leibnitzens Freundin nannte, welche den von seinen Zeitgenossen oft verkannten großen Mann begriff und in mehr als einer Beziehung als eine der glänzendsten Erscheinungen aus der Geschichte unseres theuern hannoverschen Vaterlandes hervortritt. — Wie das zu Ostern 1862 ausgegebene Programm der Stadttöchterschule das Lebensbild der Herzogin Elisabeth zeichnete, so sollen diese Blätter unseren Schülerinnen eine andere hohe Frau aus dem erlauchten welfischen Hause vorführen, die große Kurfürstin Sophie, die Gemahlin des ersten Kurfürsten Ernst August.

Im Jahre 1613 vermählte sich der damals erst siebzehnjährige Kurfürst Friedrich V von der Pfalz mit Elisabeth, der Tochter des Königs Jacob I von England, mit welchem 1603 das Haus Stuart auf den englischen Thron gekommen war. Die Hofhaltung des jungen Paares in Heidelberg in der Pfalz, die sich damals eines gesegneten Zustandes erfreute, war eine glänzende, und das Ansehen des jugendlichen Kurfürsten wuchs, als er, zur selbstständigen Regierung seines schönen Landes gelangt, auch an die Spitze der protestantischen Union berufen wurde. Die ersten sechs Jahre seiner Ehe waren die einzigen glücklichen seines Lebens. In dieser Zeit wurden ihm drei Kinder geboren: Heinrich Friedrich, geb. 1614, welcher schon 1629 durch einen unglücklichen Zufall das Leben verlor; er ertrank in Harlem bei der Besichtigung spanischer Gallionen; Karl Ludwig, geb. 1617, des Vaters Nachfolger in der durch den westfälischen Frieden wieder erlangten Kur; Elisabeth, geb. 1619; sie zeichnete sich durch hohe Bildung aus und schlug die Hand des Polenkönigs Ladislaus aus, weil sie es verschmähte, katholisch zu werden; sie erhielt später die Abtei Herford, wo sie sich, in eifrigem Verkehre mit dem Philosophen Descartes, mit den Wissenschaften beschäftigte und 1680 starb. 1619 nahm Kurfürst Friedrich gegen den Rath seiner treuesten Diener, seines Schwiegervaters und seiner alten Mutter die Krone an, welche die aufständigen Böhmen ihm anboten. Wenn wirklich der Stolz seiner Gemahlin die unglückliche Wahl entschied, so hat sie schwer dafür büßen müssen. Die Schlacht auf dem weißen Berge (8. Nov. 1620) entschied das Geschick des Winterkönigs. Mit seiner Gemahlin und dem Kronprinzen, den er nach Böhmen mitgenommen hatte, floh er über Breslau, Berlin und Hamburg nach Holland, wo er bei dem ihm von mütterlicher Seite verwandten Statthalter gastliche Aufnahme fand. Zwölf unglückliche Jahre verflossen hier dem vertriebenen Königspaare unter oft recht drückendem Mangel und unter eben so schnell zerfallenen, wie gefaßten Plänen zur Wiedergewinnung der verlorenen Kronen. — Der schwache König Jacob glaubte in seinem Stolze, durch eine Gesandtschaft an den Kaiser seinem Schwiegersohn genug zu nützen. Der Kaiser antwortete mit der Ächtung des unglücklichen Fürsten, für welchen zu handeln nur Parteigänger, treue Anhänger seines Hauses,

in die Schranken traten. Dadurch, daß er später das wohl=
feilere dänische Bündniß dem schwedischen vorzog, schadete Jacob
abermals der Sache Friedrichs, dem nur in seinem Hause ein
stilles Glück erblühte. Es wurden ihm außer den oben genann-
ten noch neun Kinder geboren. Ruprecht war ein tapferer Sol=
dat, der unter den Fahnen der Königlichen Armee in England
ruhmreich gegen Cromwell stritt. In reiferem Alter suchte er
Aufnahme und standesgemäße Versorgung bei seinem Bruder
in der Pfalz, da er aber von Karl Ludwig lieblos zurückgewiesen
wurde, so kehrte er nach England zurück, wo er sich mit Chemie
beschäftigte und 1682 starb.

Moritz kämpfte tapfer neben seinem Bruder. Nach Crom=
wells Siege setzte er den Kampf zur See fort und ist in den
amerikanischen Gewässern spurlos verschollen.

Luise Hollandine, geb. 11. April 1622, wurde katholisch.
Sie war, wie ihre Schwestern, eine Freundin der Wissenschaften
und daneben eine geschickte Malerin. Von ihrer Moralität läßt
sich nicht viel rühmen, sie gab darin den Französinnen ihrer
Zeit nichts nach. Sie war Äbtissin zu Maubuisson und starb
im Februar 1709.

Ludwig starb im zarten Kindesalter.

Eduard, geb. 1625, lebte in Frankreich, wo er katholisch
wurde, sich mit einer Prinzessin aus dem Hause Gonzaga ver=
mählte und 1663 starb.

Henriette Marie, geb. 1626, vermählte sich mit dem Fürsten
Sigismund Ragoczy von Siebenbürgen.

Philipp, geb. 1626, war ein rascher Jüngling, er mußte
aus dem Haag fliehen, weil er im Zorn über eine seiner Mutter
zugefügte Beleidigung (?) den Franzosen de l'Epinay erschlug.
Damals wurde auch seine ältere Schwester Elisabeth, der Mit=
schuld an dieser That beschuldigt, von ihrer Mutter genöthigt
ihren Hof zu verlassen. Sie begab sich erst nach Cassel, dann
nach Heidelberg und später nach Herford. Philipp starb 1650.

Charlotte, geb. 1628, starb 1631.

Sophie, geb. den 13. Oktober 1630, war Friedrichs zwölftes
Kind. Ihre Geburt fiel in eine Zeit, wo zum ersten Male dem
unglücklichen Verbannten neue Hoffnungen aufgingen.

Am 24. Juni landete Gustav Adolf auf Usedom, um als

Vorkämpfer des Protestantismus in Deutschland aufzutreten. Als Gustav Adolf nach der Leipziger Schlacht (17. September 1631) seinen Siegeszug durch Deutschland begann, brach Friedrich aus Holland auf, schloß sich am 11. Februar 1632 dem Schwedenkönige in Frankfurt an und zog nach der Schlacht am Lech mit ihm in München ein. Während dann Gustav Adolf dem bedrängten Kurfürsten von Sachsen zu Hülfe eilte, begab sich Friedrich über Mainz in seine Erblande. In Mainz vernahm Friedrich die Kunde von der Lützener Schlacht und Gustav Adolfs Tode (17. November 1632), und schon am 27. desselben Monats endete er daselbst sein wechselvolles Leben.

Es ist unter diesen Verhältnissen wohl anzunehmen, daß Sophiens Jugend nicht überreich an Freuden gewesen ist. Sie wurde im Haag geboren und getauft. Die Stände von Friesland, die Gräfin Keulenberg und Frau von Brederode waren als Gevattern geladen. Erstere übergaben als Pathengeschenk in einer werthvollen goldenen Kapsel ein Patent, in welchem ihrer Pathin eine lebenslängliche jährliche Pension von 40 Pfund Sterling zugesichert wurde.

Über Sophiens frühste Kindheit wachte eine treue Dienerin des pfälzischen Hauses, Frau von Pleß. Fern von dem kleinen Hofe ihrer Mutter im Haag, wo sich eine Menge von Fremden, namentlich Anhängern des Stuartschen Hauses sammelten, erzog sie die fürstlichen Kinder im Glauben der reformierten Kirche und wachte streng über die Beobachtung der Etikette. Nach vollendetem zehnten Jahre vereinigte sich Sophie wieder mit ihrer Mutter, die im Haag, zu Utrecht, in Rhenen und zeitweilig auch in London lebte. Im lebendigen Verkehre mit bedeutenden und gelehrten Männern von verschiedenen Nationen lernte Sophie verschiedene Sprachen mit großer Gewandtheit gebrauchen. Sie sprach Deutsch, Englisch, Französisch und verstand das Lateinische, Italienische und Holländische. Sophiens Mutter hatte am Hofe ihres Vaters, der selbst ein pedantischer Gelehrter war, alte und neue Sprachen erlernt, und in ihrer Verbannung leitete sie selbst die Erziehung ihrer Töchter.

Die äußeren Verhältnisse der verbannten Fürstenfamilie waren inzwischen nicht glänzender geworden. Nach der Lützener Schlacht trat zwar Herzog Philipp Ludwig von Simmern die vormundschaftliche Regierung für Karl Ludwig an, und schon konnte Elisabeth daran denken, mit ihren Kindern in die Pfalz zurückzukehren, allein durch die Niederlage bei Nördlingen ging wieder alles verloren. Die flüchtigen Schweden plünderten furchtbar, und die ihnen nachrückenden, siegreichen kaiserlichen Völker unter Gallas vollendeten das Zerstörungswerk, so daß in der ganzen Unterpfalz kaum 200 Bauern auf ihren Höfen blieben. Der Administrator floh und nahm den noch unbeerdigten Leichnam des Kurfürsten Friedrich mit sich; der Sarg ging auf der Flucht in Lothringen verloren, und niemand weiß, wo die Gebeine des unglücklichen Fürsten ruhen. Karl Ludwig wollte vor dem Eintritte dieser Katastrophe seinem Erblande mit einem in Holland geworbenen Heere zu Hülfe eilen, allein seine von Fremden berathene Mutter hielt ihn zurück. Er ging nach England, wo er 1638 den Titel „Kurfürst" annahm und an dem leichtfertigen Hofe Karls I. seine Kraft und seine Zeit mit Jugendthorheiten vergeudete. Seine späteren Unternehmungen zur Wiedereroberung der Pfalz liefen unglücklich ab. Die kleine Festung Meppen, die er 1638 gekauft und zum Waffenplatze ersehen hatte, ging mit allen Kriegsvorräthen verloren; er selbst mußte vor Hatzfeld weichen, der ihn bei Blotho an der Weser einholte und zu einem Treffen zwang, in welchem seine Truppen nach einer tapfern Gegenwehr zersprengt wurden. Prinz Ruprecht fiel in kaiserliche Gefangenschaft, und Karl Ludwig entging den Verfolgern nur mit Mühe. Zu Fuß entkam er nach Minden, und im Hause des Rathsverwandten Schwechhausen blieb er zwei Monate verborgen. 1639 kehrte er zurück nach Holland an den Hof des Prinzen von Oranien. Inzwischen starb am 16. Juli 1639 Bernhard von Weimar, und Karl Ludwig begab sich, mit Geld wohl versehen, nach Frankreich, um das führerlose Heer für sich zu gewinnen. Richelieu kam ihm zuvor und hielt ihn selbst unter nichtigen Vorwänden bis zum März 1640 in Vincennes gefangen. Die folgenden Jahre verstrichen unter erfolglosen diplomatischen Verhandlungen. Von 1642—1648 lebte Karl Ludwig in England, unbetheiligt an den Kämpfen, in denen seine beiden Brüder ritterlich für ihren Oheim fochten. Als Presbyterianer genoß er das Vertrauen der Independenten in dem

Grabe, daß man ihm die Rolle eines Vermittlers zwischen dem Könige und dem Parlamente übertrug und ihm den Palast von Whitehall zur Residenz einräumte. Das Mißlingen seiner Bemühungen und die übele Wendung der Dinge im allgemeinen veranlaßten Karl Ludwig, Whitehall zu verlassen und seine Zuflucht zu dem ihm befreundeten Kardinal Wren in Windsor zu nehmen, in dessen Hause er mit nur zwei Dienern lebte. Endlich wurde der westfälische Frieden geschlossen, aber unter harten Bedingungen für das pfälzische Haus. Karl Ludwig erhielt die achte Kur und die Unterpfalz, während Baiern die erste Kur und die Oberpfalz behielt. Der Kaiser verpflichtete sich, seinen vier Brüdern jedem in vier Jahren 100,000 ₰, seinen Schwestern, wenn sie sich verheiratheten, eine Ehesteuer von 10,000 ₰ und seiner Mutter 20,000 ₰ zu zahlen. Karl Ludwig ließ durch Bevollmächtigte von seinem Lande Besitz nehmen; er selbst blieb noch in England, vielleicht in der Hoffnung, der Nachfolger des am 30. Januar 1649 enthaupteten Königs zu werden. Endlich, nachdem er sich zuvor in Kassel mit Charlotte, der zweiten Tochter der hochherzigen Landgräfin Amalie, verlobt hatte, hielt er am 7. October 1649 seinen Einzug in Heidelberg.

Das sind in kurzer Uebersicht die traurigen Ereignisse, welche ihre düsteren Schatten auf Sophiens Kindheit und Jugend warfen. Aber unter diesen wiederholten Schlägen eines schweren Geschicks bildeten sich in Sophiens Character jene schönen Züge veredelter Menschlichkeit, deren ihre Geschichte so voll ist, jene deutsch gründliche Aufklärung, die sie zu Leibnitzens Freundin machte, jene planmäßige Festigkeit, die sie so sehr auszeichnete, und bei dem lebhaftesten Selbstgefühl und bei dem unermüdeten Aufstreben nach Besserem, jene überall umherschauende Duldsamkeit, die man durch Trübsale jüngerer Jahre so leicht lernt, aber doch in den glücklich gewonnenen Tagen späterer Jahre so leicht wieder vergißt.

Da sie sich an dem Hofe ihrer Mutter, an welchem sich tausend Intriguen kreuzten, in denen Sophiens beabsichtigte Vermählung mit dem Prinzen von Wales oft als Ausgangspunkt betrachtet wurde, nicht wohl fühlte, begab sie sich an den Hof ihres Bruders in Heidelberg. Allein der Wechsel war kein glücklicher. Die Ehe Karl Ludwigs mit Charlotte von Hessen war eine höchst unglückliche. Die Mißstimmung der beiden Gatten gegen einander wuchs von Jahr zu Jahr und führte endlich zu einer vollständigen Trennung, welche durch die Verheirathung des Kurfürsten mit Luise von Degenfeld eine unwiderrufliche Scheidung wurde. Obgleich Sophie rauschende und prunkvolle Vergnügungen liebte, so konnte doch das geräuschvolle Heidelberger Hofleben sie nicht für das entschädigen, was sie in dem zerrissenen häuslichen Leben ihres Bruders vermißte, denn es fehlte dem Heidelberger Hofe die Herrschaft der Anmuth und des Geistes, die für Sophie die Grundbedingungen des Genusses waren. Dennoch war das Leben in Heidelberg nicht ohne Reiz für sie, denn eine zahlreiche Menge angesehener Fremden kehrte dort ein und wurde gastlich aufgenommen. Auch Ernst August, der jüngste unter den Söhnen des Herzogs Georg von Lüneburg (geboren den 20 November 1629), erneuerte in Heidelberg die früher auf einer Reise in Rotterdam mit der schönen Pfalzgräfin geschlossene Bekanntschaft, was einen Briefwechsel zur Folge hatte, den Sophie später abbrach. Daß die hochgebildete Sophie, die auch mit äußern Vorzügen reich geschmückt war, den geistigen Mittelpunkt des Heidelberger Hofes bildete, geht aus verschiedenen Anzeichen deutlich hervor. Verschiedene Heirathsanträge, die ihr in dieser Zeit gemacht wurden, führten zu keinem Resultate. Den Herzog von Aveiro wies Sophie zurück, weil, wie sie selbst in ihren Memoiren sagt, ihr Ehrgeiz es ihr nicht erlaubte, einen Unterthan zu heirathen, nachdem sie einst daran gedacht, sich einem Könige zu vermählen. Eine Verbindung mit dem römischen Könige Ferdinand, dem älteren Bruder Leopolds I., würde zu Stande gekommen sein ohne den frühen Tod des hoffnungsvollen Prinzen; und gewiß wäre es eine eigenthümlich Fügung gewesen, wenn Sophie an der Hand seines Enkels den Kaiserthron jenes Ferdinand II. getheilt hätte, der einst ihren Vater ächtete. Endlich erschien in Heidelberg der Prinz Adolf von Schweden und bewarb sich um die Hand der Prinzessin. Während über die näheren Bedingungen der beabsichtigten Verbindung mit dem Könige Karl X. und den schwedischen Reichsständen verhandelt wurde, kam in Heidelberg der Kammerjunker

Georg Christoph von Hammerstein an, um sich im Auftrage des Herzogs Georg Wilhelm von Calenberg über den Stand dieser Verhandlungen zu unterrichten.

Herzog Georg, der seit 1636 in Calenberg und Göttingen regierte, der Erbauer des hannoverschen Schlosses, war in Folge einer Vergiftung, die ihm bei einem mit seinen Verbündeten im Oktober 1640 in Hildesheim gefeierten Gastmahle beigebracht war, im April 1641 gestorben. Er hinterließ vier Söhne. In der Regierung von Calenberg und Göttingen folgte ihm zunächst sein ältester Sohn Christian Ludwig. Als dieser aber durch den Tod seines Oheims 1648 Lüneburg und Grubenhagen erbte, überließ er Calenberg und Göttingen mit der Residenz Hannover seinem zweiten Bruder Georg Wilhelm. Als Christian Ludwig 1665 ohne Erben starb, wählte Georg Wilhelm das Fürstenthum Lüneburg mit der Residenz Celle, und Georgs dritter Sohn, der 1651 in Italien katholisch gewordene Johann Friedrich, succedierte ihm in der Regierung von Calenberg, Göttingen und Grubenhagen. Dem jüngsten Sohne Georgs, Ernst August, der kaum eine andere Aussicht für die Zukunft hatte, als die im westphälischen Frieden festgesetzte Anwartschaft auf das Bisthum Osnabrück, und was ihm sonst etwa der gute Wille seiner Brüder überlassen würde, war es vorbehalten, die Vereinigung der welfischen Lande unter einem Scepter anzubahnen. Da Christian Ludwig, obwohl vermählt, ohne Erben war, so drangen die calenbergischen Stände in Georg Wilhelm mit der Bitte, er möge sich verheirathen. Vielleicht knüpfte sich an diesen Wunsch die stille Hoffnung, der Fürst werde dann endlich den viel beklagten, jährlich sich wiederholenden Reisen nach Italien entsagen. Georg Wilhelm erklärte, daß seine Wahl nur auf die Pfalzgräfin Sophie fallen könne, die ihm aus der Zeit bekannt sein mochte, wo er in Utrecht den Studien obgelegen hatte, und so wurde Hammerstein nach Heidelberg entsendet, um sich über den Stand der beabsichtigten Verbindung der Pfalzgräfin Sophie mit dem Prinzen Adolf von Schweden zu unterrichten.

Die Nachrichten, welche Hammerstein nach Hannover brachte, lauteten der Bewerbung Georg Wilhelms günstig, denn an der Entschiedenheit, womit Sophie darauf bestand, dem reformirten

Bekenntnisse treu zu bleiben, schien sich die beabsichtigte Verbindung zu zerschlagen.

Georg Wilhelm und Ernst August nahmen nun ihren Weg nach Italien über Heidelberg. Die Verlobung wurde gefeiert und der Ehecontract vollzogen. Da indessen vor der Feier der Vermählung daheim noch manches zu ordnen war, so wurde der Vertrag vorläufig geheim gehalten, und die beiden Brüder setzten ihre Reise nach Italien fort.

Der Zauber des venetianischen Carnevals nahm Georg Wilhelm von neuem so ganz in Anspruch, daß er in der Verlobung mit Sophie, von der er zuvor das Glück seines Lebens erwartet hatte, nur eine drückende Fessel erblickte. Er schlug dem Bruder vor, ihm seine Herrschaft abzutreten und ihn dadurch in den Stand zu setzen, sich statt seiner um die Hand der schönen Pfalzgräfin zu bewerben. Freudig ging Ernst August auf diesen Vorschlag ein und eilte von Venedig nach Hannover, um dort namentlich die Zustimmung Johann Friedrichs zu dem Verzichte Georg Wilhelms zu erwirken.

Auf dieser Reise erkrankte der Herzog in Wien, und Georg Wilhelm eilte auf die Nachricht davon sogleich von Venedig nach der Kaiserstadt, von wo er mit dem Genesenen nach Hannover zurückkehrte. Johann Friedrich ertheilte die gewünschte Genehmigung zu dem beabsichtigten Regierungswechsel nicht, allein Georg Wilhelm erhöhte unter Mitwirkung der calenbergschen Stände die Apanage seines Bruders so weit, daß er einen fürstlichen Hofhalt führen konnte, und zugleich räumte er ihm die dazu erforderlichen Gemächer in seinem Schlosse zu Hannover ein. Endlich stellte er einen Revers aus, daß er unverheirathet bleiben wolle, damit dereinst sein Bruder Ernst August oder dessen Nachkommen ihm succediren könnten.

Es muß befremdend erscheinen, daß solche Verabredungen getroffen wurden, ohne die zunächst betheiligte Pfalzgräfin zu fragen, allein wir dürfen nicht den Maßstab zur Beurtheilung jener Zeiten und ihrer Sitten von unsern jetzigen Verhältnissen entlehnen. Sophie hatte die sichtbare Entfremdung Georg Wilhelms gewiß nicht ohne bittern Schmerz empfunden, aber sie war Herrin über diesen Schmerz geworden im stolzen Gefühle ihres inneren Werthes. Als nun Hammerstein zum zweiten

Male als Werber in Heidelberg erschien, wurde er wiederum
freundlich empfangen, und Sophie versprach ihre Hand ver=
trauensvoll dem jüngern Welfen, den sie nicht minder hochach=
tete als seinen älteren Bruder, und dem sie eine freundliche Zu=
neigung aus früherer Zeit bewahrte. Im Juni 1658 wurde
der Ehevertrag geschlossen und bestimmt, daß Sophie es zwar
freistehen solle, bei dem reformierten Bekenntnisse zu verharren,
daß sie aber keinen reformirten Geistlichen mitbringen, sondern
nur zwei= bis dreimal im Jahre einen solchen zur Darreichung
des heiligen Abendmahls kommen lassen dürfe. Die Vermäh=
lung fand auf des Kurfürsten bestimmte Forderung in Heidel=
berg statt. Der Tag der Verheirathung, den Sophie im spä=
teren Alter selbst nicht wußte, (— sie schreibt einmal selbst: „den
Tag das ich geheiradt bin worden, weis ich nicht ꝛc.") war der
17. Oktober. Nach einer Reihe von Festen schied das fürstliche
Paar aus Heidelberg und hielt am 9. November seinen solen=
nen Einzug in Hannover, wo die Hofhaltung desselben bis zum
Jahre 1662 blieb.

Durch Sophiens Einzug war das Leben in Hannover ein
ganz anderes geworden. Ein Familienleben, wie es sich im
Schlosse zuvor nicht entwickelt hatte, gestaltete sich in heiterm
Glanze, der durch Sophiens Geist und geläuterten Geschmack
verklärt wurde. Am 28. Mai 1660 wurde Georg Ludwig ge=
boren, der einst seiner Mutter Ansprüche auf den englischen
Thron ererben sollte, und am 3. Oktober 1661 erblickte ihr
zweiter Sohn, Friedrich August, an dem das Herz der Mutter
Zeit seines Lebens mit besonderer Liebe hing, das Licht der
Welt. Doch auch an traurigen Ereignissen fehlte es nicht.
Schon das erste Jahr ihrer Ehe wurde durch einen schweren
Trauerfall getrübt. Am 6. Mai 1659 starb auf ihrem Wit=
wensitze, dem Schlosse zu Herzberg, Anna Eleonore, geborene
Landgräfin zu Hessen, die Witwe Herzog Georgs, eine treu be=
sorgte Mutter ihrer Kinder, die namentlich mit aller Gewalt
der Mutterliebe Johann Friedrichs Religionswechsel zu verhin=
dern gesucht hatte. Die Leiche wurde unter einem stattlichen
Geleite nach Celle geführt und dort am 31. August in der fürst=
lichen Gruft beigesetzt.

Während die fürstlichen Brüder im Sommer gemeinschaft=

lich mit Sophie in Hannover residirten oder Ausflüge auf die fürstlichen Schlösser im Lande machten, wo sie jagten, traten sie im Winter fast regelmäßig den Weg über die Alpen an, um sich in den glänzenden Vergnügungen des Carnevals in Venedig und Mailand für die Einförmigkeit des hannoverschen Hoflebens zu entschädigen. Sophie begleitete sie selten. Im Jahre 1661 reiste sie bis Heidelberg mit ihnen und nahm dann nach kurzem Verweilen bei ihrem Bruder ihren Weg den Rhein hinunter nach Leyden, wo sie ihre Mutter zum letzten Male sah und sich in warmer Zuneigung der dort verweilenden, 1652 geborenen Tochter ihres Bruders Karl Ludwig, Elisabeth, zuwandte.

Georg Wilhelm faßte in dieser Zeit zu seiner, einst ihm selbst bestimmten, anmuthigen Schwägerin, deren hohen Werth er erst jetzt vollständig erkannte, die wärmste Freundschaft, welche alle späteren Schicksalswechsel überdauerte. Noch unterm 8. April 1702 schreibt die oben erwähnte Nichte Sophiens, seit 1671 mit dem Bruder Ludwigs XIV., dem Herzoge von Orleans, vermählt, an ihre Halbschwester, die Tochter Karl Ludwigs und der Luise von Degenfeld, die Raugräfin Luise: „Von den beiden kann man sagen: Alte Liebe rostet nicht."

Das Jahr 1662 brachte eine große Veränderung in Sophiens Leben mit sich. Am 1. December 1661 war Franz Wilhelm, der katholische Bischof von Osnabrück gestorben, und nun fiel das Bisthum nach den Bestimmungen des westfälischen Friedens Ernst August zu. Dieser ließ durch Bevollmächtigte sofort Besitz von dem ihm zugefallenen Lande nehmen und rüstete sich selbst zur Uebersiedelung in sein Bisthum. Um mit dem erforderlichen Glanze auftreten zu können, mußten nicht unerhebliche Geldmittel flüssig gemacht werden, und das ging in einer Zeit, wo die Folgen des dreißigjährigen Krieges noch längst nicht überwunden waren, nicht so rasch. So verzögerte sich der Aufbruch des fürstlichen Paares noch bis in den Herbst des folgenden Jahres. Nachdem kurz zuvor aus London die Trauerkunde von dem dort erfolgten Tode der Königin von Böhmen eingelaufen war, hielt Ernst August am 20. September 1662 an der Spitze von 1500 Reitern seinen feierlichen Einritt in Osnabrück und nahm die Huldigung des Landes entgegen. Dann bezog er mit seiner Frau Bischöfin das lieblich gelegene Schloß Iburg. Es mag gleich hier erwähnt werden, daß Georg Wilhelm, als er 1665 das Fürstenthum Lüneburg ererbte, seinem Bruder Ernst August auch die Grafschaft Diepholz abtrat, und daß dieser das stattliche Schloß in Osnabrück erbaute, wohin die Residenz verlegt wurde, weil das unbefestigte Iburg in den später eintretenden Kriegswirren, in denen das nahe Bisthum Münster auf feindlicher Seite stand, nicht die erforderliche Sicherheit zu gewähren schien. Die Residenz des fürstlichen Paares blieb abwechselnd in Osnabrück und Iburg bis zum Jahre 1680, wo sie nach Hannover verlegt wurde.

Mit sicherem Takte ordnete Ernst August rasch die inneren Angelegenheiten seines kleinen Landes, dessen Wohlstand sich unter seiner Herrschaft merklich hob; dann aber wandte er sich den großen Welthändeln zu, die in dieser Zeit Europa bewegten, und in denen er wiederholt eine hervorragende Rolle spielte. Da die Regierung des Landes, einmal geordnet, dem Bischofe wenig Arbeit machte, so finden wir ihn auch jetzt noch häufig auf dem Wege nach Italien. Im Jahre 1664 folgte ihm seine Gemahlin dahin in Begleitung des Oberstallmeisters von Harling und der Frauen von Lenthe und Alefeld. Am 13. December 1666 wurde in Osnabrück Sophiens dritter Sohn, Maximilian Wilhelm geboren, am 20. Oktober 1668 zu Iburg ihre erste und einzige Tochter Sophie Charlotte. Am 13. October 1669 wurde ebenfalls zu Iburg Karl Philipp geboren.

Ereignißreich war wiederum das Jahr 1671. Zunächst fällt in dieses Jahr die verhängnißvolle Vermählung von Sophiens Nichte Elisabeth mit dem Herzoge von Orleans, welche durch die darauf begründeten Ansprüche Frankreichs über die arme Pfalz unsägliches Elend gebracht hat. Eine andere Hochzeit in der fürstlichen Familie fällt in dasselbe Jahr. Es war die durch Ernst August und Sophie vermittelte Vermählung ihres Neffen, des Kurprinzen Carl von der Pfalz, mit der dänischen Prinzessin Wilhelmine Ernestine. Ernst August und Sophie begaben sich nach Altona und reisten mit der Braut von da nach Heidelberg. Während des Aufenthalts in Heidelberg wurde am 19. September Prinz Christian geboren. Nach

dem Ende der durch diese frohen Ereignisse veranlaßten Festlich=
keiten reiste Ernst August nach Italien und traf im Frühling
des folgenden Jahres mit seiner Gemahlin in Osnabrück zu=
sammen, wo ihnen am 17. September 1674 ihr jüngster Sohn
Ernst August, der einstige Erbe des Bisthums Osnabrück, ge=
boren wurde.

Obgleich die vielfach beengten Verhältnisse des kleinen Ho=
fes in Osnabrück Sophie manche Schranke auferlegten, so
sehen wir sie doch schon hier die Wirksamkeit entfalten, welche
später ihren Hof in Hannover und Herrenhausen so berühmt
gemacht hat. Schon hier füllte sie ihre Muße durch gelehrte
Studien und durch die Beschäftigung mit gelehrten Männern
aus. So treffen wir an ihrem Hofe den gelehrten Schweden
Bengt Skytte, der, von Christine vertrieben, sich nach Osna=
brück flüchtete und mit Hülfe der gelehrten Fürstin seinen
Lieblingsplan auszuführen hoffte. Dieser Plan bestand in nichts
Geringerem, als aus Osnabrück ein modernes Athen zu machen.
Sämmtliche, unter dem Drucke des Mangels verkümmernde Ge=
lehrte aller Länder sollten in Osnabrück vereinigt werden, um
in der sorgenfreien, durch den Bischof ihnen gewährten Muße
lediglich den Wissenschaften leben zu können. Der Plan war
zu chimärisch, um verwirklicht werden zu können. Daneben war
Sophie eifrig auf die Erhöhung des Glanzes und der Macht
ihres Hauses bedacht und unterstützte die weit greifenden Pläne
ihres Gemahls durch kluges Eingehen in dieselben. Die neunte
Kur und die dreifache Krone von England, Schottland und
Irland schwebten ihrem ehrgeizigen Streben schon damals als
hohes Ziel vor.

Dazwischen gab es in Osnabrück frohe Feste. Prunkvolle
und überreiche Gastmähler im Geschmacke der Zeit, gehoben
durch die glänzende Staffage eines bis zum Hofnarren und Hof=
zwerge hinab vollständig besetzten Hofstaates, wechselten mit
musikalisch=dramatischen Aufführungen im sogenannten grünen
Saale des osnabrücker Schlosses, wobei namentlich allegorische
und mythologische Darstellungen in Scene gesetzt wurden.

Zu solchen Festen gab besonders der Sieg an der Conzer
Brücke Veranlassung. In dem Reichskriege gegen Frankreich
standen Georg Wilhelm und Ernst August mit entschieden pa=

triotischer Gesinnung auf der Seite des Kaisers, während der katholische Johann Friedrich an dem unnatürlichen Bunde zwischen Frankreich und Schweden theilnahm. Mit ihren Contingenten waren sie an den Rhein geeilt, um die von den Franzosen besetzte Stadt Trier zu belagern. Da eilte der Marschall Crequis zum Entsatze der Stadt herbei. Die ungestüme Tapferkeit der welfischen Fürsten drängte zum Angriff. Bei der Conzer Brücke wurde die Saar am 11. August überschritten, und der Lohn der blutigen Arbeit war ein glänzender Sieg, dessen weiteres Resultat die Eroberung von Trier und die Gefangennahme des französischen Marschalls war. Der damals vierzehnjährige Georg Ludwig focht an der Seite seines Vaters, der noch am Tage des Sieges von dem Schlachtfelde aus seiner Gemahlin schrieb: „Alle meine Leute haben Wunder der Tapferkeit vollbracht, und ich darf sagen, daß das Regiment Uffeln uns den Sieg verschafft hat. Der alte Oberstleutnant Hülsen und Hammerstein haben Wunderthaten gethan. Hacke hat sich mit seinem Regimente vortrefflich gehalten; sein Bruder ist gefallen. Ihr Benjamin ist nicht von meiner Seite gewichen; ich kann sagen, daß er der würdige Sohn seiner Mutter ist". Unter den hervorragenden Eigenschaften von Sophiens großem Geiste strahlte nämlich eine seltene Charakterstärke und wahrhaft männlicher Muth. In einem Briefe vom 5. November 1705 giebt Elisabeth von Orleans ihr folgendes Zeugniß: „Schreck kennt sie nicht; sie hat Herz wie ein Mannsmensch, so Courage hat. In Klagenburg habe ich sie einst nachts aus einem brennenden Hause im Nachtgewande sich salvieren sehen, als die Flammen schon von allen Seiten in ihre Kammer schlugen. Sie lachte dazu. Ein andermal hatten wir neue Pferde an einer Kalesche, die gingen durch und räderten den Kutscher. Onkel sprang heraus, um die Pferde anzuhalten, matante aber blieb ruhig sitzen." Diesen Muth hat die hohe Frau auf alle ihre Söhne vererbt, die in mancher heißen Schlacht dem Feinde unerschrocken gegenüber gestanden haben.

Nicht bloß durch glänzende Hoffeste wurde der Sieg und die heimkehrenden Sieger gefeiert, sondern die Poeten griffen auch in die Leier. Otto Friedrich Bärninger begrüßte Georg Wilhelm, Ernst August und Georg Ludwig mit einem kunst=

reichen Gedichte, das aber ganz in dem schwülstigen Tone jener
Zeit gehalten und äußerst langweilig ist. Der Dichter beginnt:
    Solt Frankreich uns seyn überlegen?
    Das wär deß Käysers Tapfferkeit,
    Es wär der Güldnen Bull entgegen: 2c.
Da haben die Lieder, mit denen das Volk den Sieg seiner
Fürsten feierte, einen viel frischeren Ton. Ein plattdeutsches
Gedicht auf die Eroberung von Trier hebt folgendermaßen an:
    Duc Krequi, hör, wat wultu dohn?
    Wultu verwarffen dat grote lohn?
    En goht Frantzose bliefen?
    So mustu hen na Trier gahn,
    De Dütschen dar weg drifen.
    De Frantzmann sprak en trotzig wort:
    „De Dütschen wil ick jagen fort,
    Canali ick will dick faten!"
    Ach! feteftu biem Grütte-Pott,
    Et mochte dick wol baten u. s. w.
Daneben beschäftigte sich Sophie angelegentlich mit der
Erziehung ihrer Kinder, namentlich ihrer Tochter, die im Geiste
und Wesen der Mutter getreues Ebenbild wurde.

Gouvernante der Prinzessin war Frau von Harling. Auch
Elisabeth von Orleans spricht beim Tode dieser vortrefflichen
Frau 1702 noch mit dankbarer Anerkennung aus, daß sie ihr
einen Theil ihrer Erziehung verdanke. Sie weilte nämlich län=
gere Zeit am Hofe ihrer Tante und gedachte in späteren Jahren
gern der glücklichen Tage in Iburg und Osnabrück.

Wenn Ernst August und Sophie nach Hannover kamen,
was während der Regierung Johann Friedrichs nicht oft ge=
schehen zu sein scheint, mußten sie nicht unerhebliche Verände=
rungen bemerken. Die Schloßkirche hatte Johann Friedrich
nebst einem Hospitium in dem daran stoßenden Schloßflügel
den Capucinern eingeräumt, und in Folge dessen war für die
protestantische Hofdienerschaft und die Bewohner der sich jähr=
lich erweiternden Neustadt von 1666—1670 die neustädter Kirche
erbaut. Das Lustschloß Herrenhausen war gleich im Anfange
seiner Regierung von Johann Friedrich begründet, der jedoch
meistens mit seiner Gemahlin Benedicta Henrica Philippine, einer

Tochter des Pfalzgrafen Eduard am Rhein, in der Stadt residirte, deren Glanz und Wohlstand sich unter seiner Regierung bedeutend hob.

Im Herbst 1679 trat Johann Friedrich seine fünfte Reise nach Italien an. Er war bis Augsburg gekommen, wo er den von der Republik Venedig erbetenen Paß erwartete. Da wurde er von heftiger Krankheit befallen und starb am 18. December. Ernst August eilte aus Italien herbei und ließ die Leiche seines Bruders mit 6 Schwadronen Reitern nach Herrenhausen führen, worauf er nach Osnabrück ging, um alles zur Uebersiedelung nach Hannover vorzubereiten; denn da Johann Friedrich nur zwei Töchter hinterließ, die er vor seiner Abreise mit seiner Gemahlin nach Frankreich geschickt hatte, so fiel das Herzogthum Ernst August zu. Von allen Seiten wurde dieser nun bestürmt, sofortige Aeußerungen eintreten zu lassen, namentlich verlangte die Geistlichkeit die unverzügliche Austreibung der Capuciner; allein Ernst August befahl von Osnabrück aus der Regierung in Hannover, an deren Spitze damals der gewandte Staatsmann Otto Grote stand, bis auf weiteres alles beim alten zu lassen, den Geistlichen aber erwiederte er, die Leiche seines Bruders solle nur denen anvertraut werden, deren kirchlichen Beistand er im Leben genossen habe. Dennoch war die Seelenmesse für Johann Friedrich für längere Zeit die letzte Messe, die in Hannover gelesen wurde. Am 3. März 1680 zog Ernst August unter dem Jubel des Volkes in Hannover ein, und am 21. April fand die Leichenfeier für Johann Friedrich statt, wobei der von Osnabrück mitgebrachte Hofprediger Hermann Barkhausen die Leichenrede in der Schloßkirche hielt. Bald darauf mußte die katholische Geistlichkeit den Hof und die Stadt verlassen.

Unter den Angestellten, welche Ernst August in ihren Aemtern bestätigte, war auch der Bibliothekar seines verstorbenen Bruders, Gottfried Wilhelm Leibnitz (geboren 21. Juni 1646), den er 1673 nach Hannover berufen hatte. Sophie, deren hohe Geistesbildung Leibnitz längst bewunderte, begrüßte er mit einem Gedichte, das folgendermaßen anfängt:

„Princesse, dont l'esprit et la grandeur de l'ame
Est un épanchement d'une céleste flamme,

De qui le sang royal et souverain état
N'est pas le plus solide ou le plus grand éclat" etc.

Bald zog Sophie den gelehrten, vielseitig gebildeten Mann zu jenem geistigen Verkehre heran, der, wie ein Schriftsteller aus dem vorigen Jahrhundert sagt, die schönen Gärten von Herrenhausen in der Geschichte der neuern Philosophie ebenso berühmt gemacht hat, wie es die Gärten des Academus für die alte Philosophie sind.

Am 12. October 1680 nahm Ernst August, umgeben von seiner ganzen Familie, die Erbhuldigung von Prälatur und Ritterschaft entgegen. Am folgenden Tage begab sich der ganze Hof durch die mit Tannenbäumen geschmückte Dammstraße, während die Bürgerschaft vom Schlosse aus Spalier bildete, nach der Marktkirche, wo Barkhausen die Huldigungspredigt hielt. Von da ging der fürstliche Zug nach dem Rathhause, wo die Huldigung des Rathes erfolgte. Vom offenen Fenster aus nahm der Herzog den Huldigungseid der versammelten Bürgerschaft entgegen, und dann folgte ein Bankett auf dem Rathhause, bei welchem Bürgermeister und Rath die fürstlichen Herrschaften bedienten.

Für den Winter wurde die Residenz im Schlosse genommen, welches eine wesentliche Verbesserung dadurch erhielt, daß Ernst August drei Reihen alter hölzerner Häuser auf dem jetzigen Friederikenplatze wegreißen ließ, welche die Aussicht vom Schlosse hemmten. Die abgebrochenen Häuser wurden auf Kosten des Landesherrn an dem linken Leineufer wieder aufgebaut, wodurch die Neuestraße entstand. Während der Bauzeit wurde den Inhabern der Häuser Kostgeld und Mietentschädigung gewährt. Einen Theil des Winters brachte der Herzog wieder in Italien zu.

Von dem Glanze, den der herzogliche Hof entfaltete, giebt der Empfang und die Bewirtung der verwitweten Königin von Dänemark ein treues Bild, das hier nach den vorhandenen Quellen in einigen Zügen dargestellt werden soll.

Am 25. Juni 1681 wurde die Nachricht von der Abreise der Königin und des Königlichen Prinzen von Celle durch einen Eilboten nach Hannover gebracht, und gleich darauf setzte sich vom Schlosse aus folgender Zug in Bewegung: Voran zogen vier Compagnien Fußvolk und vier Schwadronen Reiter, Trompeter und Officiere voran, alle neu uniformiert und mit farbigen Bändern prächtig geschmückt. Dann folgte der herzogliche Reitstall, bestehend aus 30 ausgesuchten Handpferden, sämmtlich mit dem kostbarsten Geschirr so vollständig bedeckt, daß man kaum die Pferde sah. Zwei Stallmeister ritten voranf; die Reitknechte, welche die Pferde führten, waren in rothe Mouturen mit schwarzen und silbernen Borten neu gekleidet. Nun folgten 50 vergoldete Karrossen, jede mit 6 Pferden, in denen sich der ganze herzogliche Hofstaat befand. Die darauf folgende Compagnie der Leibgarde übertraf alles durch den blendenden Glanz ihrer Uniformen. Die Karrosse, in welcher die beiden Prinzen Georg Ludwig und Friedrich August saßen, war von vielen Edelleuten und Pagen zu Pferde umgeben, und Lakaien zu Fuß gingen vor und neben den Pferden. Ebenso wurde der Wagen der Prinzessin begleitet. Vor dem Wagen des Herzogs, dem prächtigsten, den Hannover je gesehen, ritten die prachtvoll gekleideten 12 Hof-Trompeter und Pauker; sechs Karrossen folgten nach, eine Compagnie Reiter schloß den Zug.

Bei einem auf einer geräumigen Wiese aufgeschlagenen großen, glänzend decorierten Zelte wurde Halt gemacht. Als bald darauf die Wagen der Königin herannahten, ging der Herzog, begleitet von 50 Edelleuten, und die Herzogin mit den vornehmsten Hofdamen an den Wagen, um die Königin zu empfangen, welche vom Herzoge ins Zelt geführt wurde, während der Königliche Prinz die Frau Herzogin führte. Auf der Rückfahrt wurde der Zug in derselben Weise ausgeführt. Die Königin saß allein vorwärts in der herzoglichen Karrosse, ihr gegenüber rückwärts die Herzogin und der Königliche Prinz, der Herzog saß auf dem Seitensitze (strapontin), der nach damaliger Sitte an der Thür des Wagens angebracht war. Bei der Ankunft vor dem Stadtthore wurden 12 Kanonen gelöst, und nachdem das Thor passiert war, wurden noch 100 Salutschüsse gegeben.

Nach kurzem Umzuge durch die Stadt ging die Fahrt nach Herrenhausen, wo die Königin logieren sollte. Es wurde eine kostbare Abendtafel gehalten. Ein Generalmajor reichte dabei der Königin die Gießkanne zum Waschen der Hände, ein anderer das goldene Waschbecken, der Oberhofmarschall präsentierte die Serviette und ein Oberstlieutenant den Teller, um die Handschuhe der Fürstin aufzunehmen. Zu ihrer Rechten saß der Königliche Prinz, zu ihrer Linken die Herzogin Sophie. Die hohen Herrschaften saßen nach damaliger Sitte so, daß zwischen ihnen, der besseren Bedienung wegen, immer der Raum eines Couverts frei blieb. Bei Tafel wurde musiciert. Die Vorträge der französischen Violinisten wechselten mit Lullischen Arien, die Farinelli ausführte. (Lully 1633–1687).

Am folgenden Tage wurde die Mittagstafel mit gleicher Pracht gehalten. Gegen Abend begab sich die Königin mit dem ganzen Hofstaate in den Garten. Nachdem die Grotte, die Cascade und die Springwasser besichtigt waren, fand die glänzende Gesellschaft in einer völlig geschlossenen Laube das Souper bereit. Gegen Ende der Tafel verschwand auf einen Wink die eine Seite der Laube, und es öffnete sich der Blick auf ein aus Bäumen und Hecken gebildetes Theater. Vier Nachtkobolde traten auf und sprachen Verse, welche Huldigungen für die hohen Gäste des Herzoglichen Hofes enthielten. Wie mit einem Zauberschlage werden 10,000 Lichter angezündet; die Nachtgeister entfliehen, und der Zug des Endymion tritt auf; ihm folgt später der Zug der Diana mit ihren Nymphen. Beide Züge waren aufs glänzendste constümiert und brachten eine feenhafte Wirkung hervor. Ein Ballet bildete den Schluß. Die vornehmsten Personen des Hofes waren die Schauspieler, Georg Ludwig war Endymion, Sophie Charlotte hatte die Rolle der Diana übernommen.

Am folgenden Tage fuhr die Königin durch die Stadt nach Pyrmont, wo sie am 28. Juni ankam.

Das war ein Fest, wie Sophie es liebte, und wie sie es mit Geist und Geschmack zu ordnen wußte. Es ist kaum zu bezweifeln, daß die französischen Verse, welche zum Theil recht hübsch sind, von Leibniz nach den Ideen der Herzogen gedichtet sind.

Die Saison in Pyrmont war in diesem Sommer außerordentlich belebt. Der hannoversche Hof folgte der Königin von Dänemark bald; auch Georg Wilhelm kam von Celle dorthin, und der Kurprinz Friedrich von Brandenburg machte hier zuerst die Bekanntschaft seiner späteren Gemahlin, der schönen und geistreichen Prinzessin Sophie Charlotte.

Im Winter 16⁸¹/₈₂ folgte der hannoversche Hof einer Einladung des großen Kurfürsten nach Berlin, wo es glänzende Feste gab.

Das Jahr 1682 brachte zwei wichtige Unternehmungen zur Reife, welche auf Sophiens Leben von dem größten Einflusse gewesen sind. Im Hinblicke auf die nachtheiligen Folgen, welche dem welfischen Hause aus den häufigen Erbtheilungen erwachsen waren, beschloß Ernst August, obgleich er sechs hoffnungsvolle Söhne hatte, die er gewiß gern sämmtlich zu Reichsfürsten erhoben hätte, doch ein für allemal für die Zukunft solche Theilungen unmöglich zu machen. Deßhalb bestimmte er in seinem 1682 errichteten und im folgenden Jahre durch den Kaiser bestätigten Testamente, daß die von ihm jetzt beherrschten und nach dem Vertrage mit Georg Wilhelm später ihm zufallenden welfischen Lande für alle Zeiten ungetheilt bleiben und nur nach dem Rechte der Erstgeburt vererbt werden sollten. Durch diese für die Wohlfahrt des Landes, wie des deutschen Reiches so segensreiche Bestimmung fühlten sich Sophiens jüngere Söhne aufs schmerzlichste verletzt, und die Mutterliebe theilte und mehrte diesen Schmerz, während wir doch sonst Sophie so sicher auf dem Wege fortschreiten sehen, der zur Mehrung des Glanzes ihres Hauses führte. Den Klagen ihrer Söhne, namentlich des zweiten unter ihnen, Friedrich August, konnte sie ihr Herz nicht verschließen.

Am Hofe Anton Ulrichs von Wolfenbüttel, der bei der steigenden Macht der jüngeren Linie des Welfenhauses für die Bedeutung und den Einfluß des eigenen Hauses besorgt wurde, fand Friedrich August williges Gehör mit seinen Klagen und seinen Protesten, allein Ernst August ließ sich dadurch nicht beirren. So sahen sich seine jüngeren Söhne dazu gedrängt, ein abenteuerreiches Kriegerleben in fremden Diensten zu beginnen, in welchem der Mutter bange Sorge sie begleitete.

Die Zerwürfnisse mit dem wolfenbüttler Hofe steigerten sich so sehr, daß Ernst August sogar seiner Gemahlin den Wunsch aussprach, sie möge allen Briefwechsel mit Anton Ulrich abbrechen

Die Aussichten Ernst Augusts auf die Vergrößerung seiner Hausmacht sollten noch eine neue Stütze erhalten. Sein Bruder Georg Wilhelm hatte sich, unter Zustimmung seines Bruders und seiner Schwägerin und unter Erneuerung der Zusicherung, daß seine Lande nach seinem Tode, selbst wenn er Söhne hinterlassen sollte, nichts destoweniger Ernst August oder seinen Erben zufallen sollten, mit Eleonore d'Olbreuse aus einem vornehmen französischen Adelsgeschlechte vermählt. Das einzige Kind aus dieser Verbindung war eine Tochter, Sophie Dorothea, welche schon in früher Jugend mit dem ältesten Sohne Anton Ulrichs verlobt war. Nach dessen Tode warb Anton Ulrich um ihre Hand für seinen zweiten Sohn. Allein die alte Zuneigung Georg Wilhelms für seinen Bruder ließ ihn die Vermählung seiner Tochter mit seinem Neffen Georg Ludwig vorziehen. Als nun gar Sophie, die in Celle lange nicht gesehen war, erschien, um für ihren Erstgeborenen um die Hand der schönen, lebenslustigen Sophie Dorothea zu werben, da gelang es ihrem feinen Takte schnell, alle Schwierigkeiten zu ebnen. Am 18. November wurde in Celle die Hochzeit gefeiert, und nachdem drei Wochen unter beständigen Festlichkeiten verstrichen waren, brach das junge Paar in Begleitung des Herzogs Georg Wilhelm und seiner Gemahlin nach Hannover auf. Am 19. December geschah der Einzug in Hannover. Die Einholung geschah in ganz ähnlicher Weise, wie es oben bei Einholung der Königin von Dänemark beschrieben ist.

Ein Zuwachs an Macht und Besitz für das hannoversche Haus erfolgte wohl aus dieser unter so glänzenden Aussichten geschlossenen Verbindung, allein eine Quelle des Glückes ist sie nicht geworden. Sophie Dorothea, die verwöhnte, einzige Tochter ihrer sie zärtlich liebenden Eltern, hatte an dem Celler Hofe sich nur von übermüthiger Jugendlust beherrschen lassen und nie gelernt, sich selbst einen Zwang aufzuerlegen. Der Hof ihres Vaters war damals durch die gastliche Aufnahme vieler der Religionsverfolgungen wegen aus Frankreich geflüchteten Hugenotten so vollständig französiert, daß ein Franzose in Celle mit Recht bei Tafel zu Georg Wilhelm sagen konnte: „Monseigneur, il n'y a que vous d'étranger parmi nous."

Die Verhältnisse des hannoverschen Hofes waren sehr ver=

wickelt und schwierig und das Leben dort durch ein strenges Ceremoniell geregelt, gegen welches die junge Erbprinzessin fortwährend verstieß. Ihr Gemahl war ernsten, trockenen Wesens und streng in seinen Äußerungen, wodurch sich Sophie Dorothea oft verletzt fühlte. Die Zuneigung ihrer Schwiegermutter, an der sie einen Anhalt und ein durchaus nachahmenswerthes Vorbild hätte haben können, wußte sie nicht zu erwerben, und so hatte sie viele trübe Stunden in ihrer Ehe, die für sie eine Quelle unsäglichen Unglücks wurde.

Im Frühlinge des folgenden Jahres kam Spinola, Bischof von Thina von Wien nach Hannover. Es handelte sich um eine Lieblingsidee des Kaisers Leopold, die Wiedervereinigung der protestantischen Kirchen mit der katholischen, der man in Hannover, wo man den Kaiser gern gewinnen wollte, bereitwillig entgegenkam, soweit es ohne völliges Aufgeben der Grundlehren des Protestantismus geschehen konnte. Die Herzogin Sophie, Leibniz und Molanus, Abt zu Loccum, haben in diesen sogenannten henotischen Bestrebungen eine hervorragende Rolle gespielt. Bei dieser Gelegenheit gaben sich Sophiens Schwester, die Äbtissin von Maubuisson, und die Priorin des Klosters, Marie von Brinon, alle erdenkliche Mühe, um Sophie zum Uebertritte zur katholischen Kirche zu bereden.

Einen großen Theil des Jahres 1683 und 1684 brachte Sophie mit ihrer Tochter bei ihren Verwandten in Frankreich zu, wo ihr Geist die größte Anerkennung fand. Sagt doch Chevreau von ihr: „J'ose dire que la France n'a point de plus bel esprit que Madame la Duchesse de Hanovre d'aujourd'hui." Sophie Charlotte sprach das Französische so rein, daß wenig Jahre später einer der ihr vorgestellten Refügiés in vollem Ernste nach der Audienz fragte, ob die Kurprinzessin auch deutsch verstände. Mutter und Tochter wurden im Versailles am Hofe Ludwigs XIV. außerordentlich gefeiert. Ja Ludwig soll an eine Vermählung des 1661 geb. Dauphin mit Sophie Charlotte gedacht und der Herzogin bereitwillig aufgenommene Anträge gemacht haben. Als ihn politische Gründe später bewogen, die Verbindung mit einer baierischen Prinzessin vorzuziehen, verließ Sophie enttäuscht Frankreich. Während ihrer Abwesenheit war ihr erster Enkel, Georg Ludwigs Sohn Georg (August) am 30. October 1683 geboren.

Bald nach der Rückkehr bewarb sich der große Kurfürst um die Hand der Princessin für seinen kürzlich verwitweten Sohn. Eine enge Verbindung mit dem brandenburgischen Hause konnte für die Pläne und Aussichten Ernst Augusts nur erwünscht sein, und am 28. September wurde, da Sophie Charlotte sich auch zur reformierten Kirche bekannte, das Paar durch den brandenburgischen Hofprediger Benjamin Ursinus in Herrenhausen getraut. Fast ein ganzer Monat wurde mit glänzenden Festen ausgefüllt; endlich brach der Kurprinz mit seiner Gemahlin unter stattlichem Gefolge auf, und am 4. November fand der feierliche Einzug in Berlin statt. Der Abschied Sophiens von ihrer Tochter war ein sehr schwerer. Seit ihre Söhne zum größten Theil in der Ferne weilten, war das Herz der Tochter das einzige in Hannover, das mit voller Treue an der Mutter hing; und diese Tochter, die ihr so nahe stand, sah sie einer ungewissen Zukunft entgegen ziehen, um vielleicht die Reihe unglücklicher Fürstinnen zu vermehren, an denen das 17. Jahrhundert so reich ist. Die Erziehung, die sie ihrer Tochter gegeben, berechtigte sie zu der Hoffnung, daß diese, wie sie selbst, über den Schmutz des Jahrhunderts hinweg gehen werde, ohne sich auch nur die Fußsohlen zu beflecken. Der „Mercure galant" von 1684 rühmt von Sophie Charlotte ihren schönen Wuchs, ihren reinen Teint, ihre großen, sanften blauen Augen, das Incarnat ihrer Lippen und die Fülle ihrer schwarzen Haare. — Sie war eine Schülerin Bayles durch seine Schriften, Leibnitzens durch den Genuß des täglichen Verkehrs mit ihm, sie war ihrer Mutter würdige Tochter, und wie diese hat sie nie die Würde der Frau und der Fürstin vergessen.

Die Jahre 1684—86 verlebte Ernst August größtentheils in Italien. Dahin berief er den Prinzen Carl zu sich, später, nachdem der Feldzug in Ungarn geendet war, auch Georg Ludwig. Dieser hatte schon vor Wien tapfer gegen die Türken gestritten, und an der Spitze eines hannoverschen Hülfscorps, an der Seite seines in Kaiserlichen Sold getretenen Bruders Friedrich August, half er den Sieg bei Neuhäusel erringen. Die Truppen wurden beim Herannahen des Winters nach Hause geschickt und brachten als Trophäe das dem Erbprinzen zugefallene goldburchwirkte Zelt des türkischen Seraskiers mit. Georg Ludwig ging nach Italien, wohin auch seine Gemahlin von Hannover gerufen wurde. Seiner Mutter schickte er einen kriegsgefangenen türkischen Knaben, den diese am heiligen drei Königstage 1686 in Hannover taufen ließ, und mit dem sie sich viel beschäftigte. Übrigens führte Sophie während dieser Zeit ein recht einsames Leben. Im Januar 1685 verließ sie auch Prinz Maximilian, um von Münden aus an der Spitze seines Regimentes mit den von Ernst August an die Republik Venedig überlassenen Truppen nach Italien zu ziehen. Am Lido wurden die hannoverschen Söldlinge in Gegenwart von Ernst August gemustert und dann nach Morea eingeschifft, wo Maximilian an ihrer Spitze bei der Eroberung von Coron die ersten blutigen Lorbeeren erstritt.

Prinz Christian erkrankte in dieser Zeit an den Blattern und machte der Mutter Sorge. Dennoch sehen wir sie einen Theil des Carnevals 1685 am Hofe zu Celle verleben, und nur mit Bedauern sieht sie die fröhliche Carnevalslust durch die Trauer um den Tod der Königin von Dänemark unterbrochen. Im Mai desselben Jahres wurde Sophie durch den Tod ihres Bruders Karl Ludwig in Trauer versetzt, der seinen Schwager Ernst August sterbend zu seinem Testamentsvollstrecker ernannte.

Am 6. October wurde Sophie Charlottens erster Sohn geboren, Friedrich August, angeblich während einer Reise, durch welche der Kurprinz sich und seine Gemahlin der Strenge seines durch die Stiefmutter gegen ihn gereizten Vaters entziehen wollte. Der Prinz starb schon am 21. Februar 1686.

Zu Neujahr 1686, wo Sophie einsam im Schlosse zu Hannover residirte, wurde ihr eine wohlgemeinte Huldigung dargebracht. Der Consistorial=Procurator Coberg hatte ein biblisches Stück „Kaiser Augusti Schätzung" gedichtet und ließ es durch 15 Knaben vor der Herzogin aufführen, welche die langweiligen Verse mit Langmuth anhörte.

In diesem Jahre scheint Sophie ihrem Gemahl nach Italien gefolgt zu sein, von wo sie Kunde von den glanzvollen Festen erhielt, die Ernst August in Venedig gab. Eine costümierte Gondelfahrt ist durch ein großes auf der hiesigen Königlichen Bibliothek bewahrtes Kupferwerk verewigt. Ein Freibrief, den die Herzogin Sophie für eine bei der Einnahme von Coron gefangen genommene türkische Sklavin ausstellte, ist vom 29. Juli 1686 aus Venedig datiert.*) In diese Reise würde dann auch der Aufenthalt der Fürstin in Rom fallen, während dessen der von Ernst August mit zwei prächtigen Zügen hannoverscher Pferde beschenkte Cardinal Colonna sich viel Mühe gab, sie zum Glaubenswechsel zu bewegen; dieser Versuch, wie alle späteren, wurde von Sophie mit Entschiedenheit zurückgewiesen.

Im Sommer des folgenden Jahres hatte Sophie die Freude, ihre geliebte Tochter zu einem längeren Besuche in Herrenhausen zu sehen, wohin sie mit ihrem Gemahl nach Vollendung einer Badekur in Carlsbad kam. Dagegen mußte sie sich für längere Zeit des täglichen Verkehrs mit Leibniz beraubt sehen, weil dieser im Auftrage seines Herren nach Wien und Italien reiste, wo er zwei und ein halbes Jahr verweilte, um in den österreichischen und italienischen Archiven Forschungen über die Geschichte des Welfenhauses anzustellen, und zugleich, um die Verleihung der Kurwürde in Wien zu betreiben. Daneben bewirkte Leibniz in Wien die Beförderung Friedrich Augusts zum Generalmajor. Die Herzogin dankt ihm in einem Briefe vom 6. September dafür in warmen Ausdrücken und erzählt ihm, seine Bibliothek werde vergrößert, man wolle im Winter die Oper darin spielen lassen. Abbate Hortensio Mauro componiere dafür schon eine neue Oper, „Heinrich der Löwe", womit man vermuthlich den Nachkommen in Erinnerung bringen wolle, welche Lande dieser einst besessen. In dieser Zeit geschah für die glanzvolle Ausstattung des hannoverschen Hofes viel, weil Ernst August bei zunehmendem Alter die häufigen Reisen nach Italien aufzugeben beschloß. Zu dem Zwecke wurde auch im Jahre 1688 auf dem Platze, wo das vom Patricier Melchior von Wind-

---

*) Sophia per la gratia d'Iddio Principessa di Brunsvico e di Luneburgo etc.
Certifichiamo con questo d'haver data la liberta à Aige, figliuola di Mustapha Gogia, fatta schiava nella presa di Coron, per puoter andar colla sua madre dove desidera esser.
In Venetia li 29 Luglio 1686.

heim ihr 4500 ℳ erkaufte Haus gestanden, unmittelbar neben dem Schlosse ein neues Theater erbaut.

Am 16. März 1687 wurde Georg Ludwigs einzige Tochter Sophie Dorothea geboren, und nachdem am 29. April 1688 der große Kurfürst gestorben und sein Sohn als Friedrich III ihm nachgefolgt war, wurde im Residenzschlosse zu Cöln an der Spree Friedrich Wilhelm geboren. Sophie war in Berlin anwesend, und als man den neugeborenen Prinzen in ihr Zimmer trug, küßte sie ihn unter Freudenthränen. Sie war von dem Kinde so entzückt, daß sie alles aufbot, um den Kurfürsten zu vermögen, daß er ihr den Prinzen gleich mit nach Hannover gebe, wo sie ihn wie ihren eignen Sohn zu erziehen versprach. Der Kurfürst schlug ihre Bitte ab, versprach ihr aber, den Prinzen später zu senden. Dies glückliche Ereigniß wurde in Hannover wie in Berlin mit öffentlichen Lustbarkeiten gefeiert, deren Glanz noch die Carnevalsfestlichkeiten übertraf, mit denen das Jahr begonnen hatte, und zu deren Feier selbst Maximilian, der damals als General-Major in venetianische Dienste getreten war, auf drei Wochen aus Morea gekommen war. Die Herrschaften aus Celle und Wolfenbüttel waren ebenfalls zu diesen Festen erschienen. Bei solchen Gelegenheiten erschien Sophie in vollem Glanze bei Hofe, während sie sonst sich manchmal der Hofgesellschaft entzog, und alle, selbst ihre Hauptfeindin, die Gräfin Platen, mußten sich huldigend vor der Würde beugen, mit der sie als Herzogin an der Seite ihres Gemahls auftrat.

Auch dieses Jahr wurde Sophie wieder die Freude zu Theil, ihre Tochter und den Kurfürsten von Brandenburg in Hannover zu sehen.

Nun folgen Jahre voll bewegter Unruhe. Das Reich wird von Osten und von Westen bedroht. Ernst August ist voll geschäftiger Thätigkeit, um die Reichsfürsten zu entschiedener Hülfe zu ermuthigen. Er selbst geht mit Georg Ludwig an den Rhein, seine andern Söhne mit Ausnahme des jüngsten, der noch daheim war, stritten gegen die Türken. Nicht bloß Hülfstruppen und seinen persönlichen Einfluß legt er in die Wagschale für des Reiches Rettung, er erkauft sie mit dem Blute seiner Kinder. Am 1. Januar 1690 fiel bei Pristina in Albanien Prinz Karl Philipp. Das hannoversche Reiter=

regiment, das er führte, wurde von Spahis umzingelt, und nach tapferer Gegenwehr fiel der heldenmüthige Jüngling, nur ein Rittmeister und fünf Mann entkamen, um die Botschaft seines Heldentodes zu überbringen. Als Sophie am 24. Januar Leibnitz's Neujahrsgratulation erwiederte, hatte sie noch keine Ahnung von dem schweren Schlage, der sie betroffen hatte. Sie freut sich seiner baldigen Rückkehr und hofft, daß er im Frühjahr, wenn der Herzog zur Armee ginge, da sein werde, um sie zu unterhalten. Dann erzählt sie von den schönen Opern, deren Texte Hortensio dichte, und die Steffani (1650—1730, aus München nach Hannover berufen, berühmt als Musiker und als Staatsmann) componire.

Leibnitz kehrte zurück, und die Unterhaltungen mit dem während seiner Reise durch neue Eindrücke vielfach angeregten Manne dienten zur Beruhigung der schwer geprüften Frau. Der Briefwechsel mit Bossuet, Pelisson, dem Bischof von Thina und anderen hervorragenden Männern wurde wieder aufgenommen. Den Herbst verlebte der Hof zum Theil in Linsburg, einem zwischen Neustadt und Nienburg gelegenen Jagdschlosse, das häufig der Schauplatz glänzender Jagdfeste war. Sophie füllte ihre Muße mit Correspondenz und Handarbeiten aus. Ernst August wünschte Gobelins mit Familienscenen zu haben. Da nun Sophie dem Erfindungsgeiste ihres Hofmalers, der ihr die Zeichnungen dazu liefern sollte, nicht allzuviel zutraute, so schrieb sie an Leibnitz und bat ihn, dem guten Manne mit seinem Rathe zu Hülfe zu kommen. Er solle nicht die Männer beim Broihan und die Frauen mit dem Strickstrumpfe zeichnen, sondern charakteristische Gruppen entwerfen, etwa den Herzog Georg in der Schlacht bei Hameln, daneben seine Familie; der Erbprinz Georg Ludwig solle auf einem besondern Tableau mit seiner Gemahlin und seinen Kindern dargestellt werden. In derselben Zeit arbeitete Sophie für das Kloster Loccum eine Altardecke. Eine vielleicht etwas überschwängliche Danksagung des vortrefflichen Abtes Molanus beantwortet sie am 8. Januar 1692, indem sie ihm sagt, wenn er mit seinen Capitularen für sie bete, so thue er mehr für sie, als sie für sein Kloster gethan. Ihre Gabe würde ihr Leben kaum überdauern, er aber erflehe ewige Güter für sie. Mit Molanus verkehrte die Kurfürstin oft und gern. Manchmal war er nicht bloß in den Morgenstunden, sondern auch bei Tafel ihr Gast. Einst kam bei Tisch die Rede auf die Unsterb=lichkeit der Seele. Des Molanus Beweise genügten ihr nicht, und es wurde bestimmt, Leibnitz solle Schiedsrichter sein. An ihn schrieb nun Molanus und bat, er möge ihn nicht im Stiche lassen.

Das Jahr sollte nicht enden, ohne Sophiens Mutterherzen einen neuen empfindlichen Schmerz zu bringen. Am letzten Tage des Jahres fiel Prinz Friedrich August im Passe St. Georg in Ungarn, von einer türkischen Kugel zum Tode getroffen. In der ländlichen Stille von Herrenhausen suchte die Herzogin Her=rin ihres Schmerzes zu werden. Am 4. Mai schreibt sie an Leibnitz: „Ich wandre in meinem Garten umher und lausche den Nachtigallen, das soll allen Kummer, der mich drückt, von mei=ner Seele nehmen." Diese Spaziergänge dauerten oft mehrere Stunden, die für die Umgebung der Herzogin durch ihre geist=volle Unterhaltung und ihre oft neckische Laune gewürzt wur=den. Einst kam die Rede darauf, daß nicht zwei Dinge in der Welt einander gleich wären. Ein Edelmann aus dem Gefolge meinte, in der leblosen Schöpfung sei solche Gleichheit wohl zu finden. Die Herzogin schickte ihn fort, um aus den vielen Hecken zwei völlig gleiche Blätter zu suchen, und beschämt kehrte er nach einer halben Stunde mit dem Bekenntniß der Unmöglich=keit zurück.

Im Juni und Juli weilte Sophie zur Kräftigung ihrer Gesundheit im Bade zu Loccum. So nannte man damals gewöhnlich den Rehburger Brunnen. Der Hof lebte dort unter Zelten. Einen langen Brief von Leibnitz erwiederte die Her=zogin mit einem Schreiben, dessen Kürze sie mit dem Umstande entschuldigt, daß man im Bade die Füße mehr gebrauchen müsse, als den Kopf.

Im Herbste besuchte Sophie noch das Bad Ebsdorf, wo außer ihr Georg Wilhelm mit seiner Gemahlin und Anton Ulrich von Wolfenbüttel eintrafen.

Zu dieser Zeit tauchte die Sekte der Pietisten auf. Im nahen Lüneburg erregte das überspannte Fräulein Rosamunde von Asseburg das größte Aufsehen. Unmittelbare göttliche Ein=gebungen, welche sie zu haben glaubte, wurden gläubig aufge=

nommen. Sie hatte lange Unterredungen mit dem Heilande, und, angeregt durch sie, predigte der Superintendent Petersen das tausendjährige Reich. Während man gegen letzteren mit strengen Maßregeln einschritt, riethen viele, auch Molanus, Rosamunde einzusperren. Sophie schrieb über die Sache an Leibnitz, der mit ihr darin übereinstimmte, daß der Zustand Rosamundens aus natürlichen Ursachen zu erklären sei, aber nicht streng, sondern milde behandelt sein wolle. Sophie antwortet ihm am 15. Oktober: „Ihr Brief verdient eher gedruckt zu werden, als manches andere; ich habe ordentlich mit demselben triumphiert. Alle Gedanken darin sind so gesund, so vorurtheilsfrei." Abschriften von solchen Briefen wurden dann nach Berlin an die Kurfürstin, nach Maubuisson und Paris geschickt und mochten dort die Hoffnung auf die endliche Bekehrung der Fürstin wesentlich herabstimmen.

Neue Schmerzen waren der edeln Fürstin vorbehalten. Nach Friedrich Augusts Tode glaubte sich Prinz Maximilian Wilhelm zunächst berechtigt, einen Theil von den Fürstenthümern des welfischen Hauses zu beanspruchen. Das Verhältniß zu seinem ältesten Bruder war nie ein besonders herzliches gewesen, und da Friedrich Augusts Proteste gegen die von Ernst August angeordnete Erbfolgeordnung zu keinem Resultate geführt hatten, so beschloß er, zu einem Complotte seine Zuflucht zu nehmen, dessen Ziel war, sich der Personen des Herzogs und des Erbprinzen zu versichern und eine Aenderung des Erbfolgegesetzes zu erzwingen. Die Seele der Verschwörung, welcher der wolfenbüttelsche Hof nicht fremd gewesen sein mag, war der Oberjägermeister von Moltke. Mit banger Sorge bemerkte das Auge der Mutter den düstern Ernst, welcher die Stirn ihres einst so heitern Max umschattete, und vergebens suchte sie sich Gewißheit darüber zu verschaffen, was seine Ruhe trübe. Ein Brief ihrer Tochter aus Berlin enthüllte ihr die Gefahr, in welcher Vater und Bruder schwebten. Von Herrenhausen, wo sie dieses Jahr noch bis in den Winter verweilte, sandte sie am 5. December dem Herzoge spät abends die Kunde. Moltke wurde gefangen genommen, als er sich aus dem Schlosse verabschieden wollte, und Maximilian wurde in seinem Zimmer bewacht, später aber nach der Festung Hameln gebracht. Moltke wurde im Cleverthorgefängnisse bewacht, und der Proceß auf Hochverrath wurde gegen ihn eingeleitet. Unter dem Adel des Landes hatte Moltke viele Freunde, und man verschaffte ihm die Mittel zur Flucht. Sein treuer Diener Buchholz, der ihn im Gefängnisse bedienen durfte, brachte ihm eine Phiole mit Scheidewasser, womit er eine eiserne Gitterstange vor seinem Fenster durchätzte. In der Osternacht sollte die Flucht ausgeführt werden. Während Buchholz im Gefängnisse blieb, ließ sich Moltke an einem Seile aus dem Fenster hinab. Er wollte die Leine durchschwimmen, an deren Ufer Pferde bereit standen. Das Seil riß, und Moltke wurde von dem auf Posten stehenden Soldaten, der taub gegen seine Versprechungen blieb, wieder arretiert. Im Gefängnisse wurde ein Zettel von Moltkes Hand mit den Worten gefunden: „Christ ist erstanden, Moltk ist entgangen: dies thu ich meinem Herrn zu wissen." Das Volk, welches den stolzen Hochverräther haßte, sang unterm Cleverthore: „Christ ist erstanden, Moltk ist entgangen und wieder gefangen."

Obgleich Moltkes Familie alles aufbot, um Gnade zu erlangen, so ließ doch der Herzog der Gerechtigkeit ihren Lauf, bestätigte jedoch das gesprochene Urtheil erst, nachdem es von verschiedenen Juristenfacultäten geprüft und gebilligt war. Es lautete auf Tod und wurde am 15. Juli 1692 auf dem Ravelin an der Leine, wo jetzt die neuen Königlichen Remisen stehen, mit dem Schwerte vollstreckt.

Der Hof war in jenen Tagen nach Linsburg gegangen, der Adel hatte die Stadt verlassen, und die Erbitterung des Volkes trat noch dadurch zu Tage, daß keine städtische Gemeinde Moltkes Leiche einen Platz auf ihrem Friedhofe gönnen wollte.

Prinz Maximilian entsagte seinen Ansprüchen und erhielt die Freiheit. Er trat später in kaiserliche Dienste, wurde 1695 katholisch und starb, nachdem er dem Hause Östreich manchen Sieg erfochten hatte, als kaiserlicher Feldmarschall im Jahre 1726, nicht ohne noch manchmal versucht zu haben, die Anordnungen Ernst Augusts zu brechen.

So verlor Sophie den heitern Max, und es blieb ihr nicht einmal der Trost des reinen Andenkens, wie bei den ruhmreich gefallenen Söhnen. Dennoch hörte die Mutterliebe nicht auf, ihn auf seinen Pfaden zu begleiten. Am 23. Juli 1695 schreibt die Herzogin von Orleans, „sie kenne Herzog Max nicht persönlich, aber er sei ihr auch werth, weil er seiner Frau Mutter so gar lieb sei." An seinen Religionswechsel konnte die Mutter gar nicht glauben, und ihre Sorge um diesen Sohn ist oft in ihren Briefen an Leibnitz in rührender Weise ausgesprochen.

Frohere Ereignisse nahmen bald die Aufmerksamkeit des Hofes in Anspruch. Nach langen Verhandlungen hatte endlich am 22. März 1692 der Kaiser den geschickten Unterhändlern Ernst Augusts, Grote und Steffani, die Urkunde über Ertheilung der neunten Kur an Hannover ausgestellt. Es verdient nur noch hervorgehoben zu werden, daß eine früher in Aussicht gestellte Ertheilung der Würde sich an dem Umstande zerschlug, daß Ernst August und Sophie sich weigerten, katholisch zu werden. Am 9. December erhielt Grote für seinen Herrn in der Hofburg zu Wien die feierliche Belehnung mit dem Kurhute. Nun gab es in Hannover Feste auf Feste. Nachdem Ernst August und Sophie bei einem Besuche in Berlin im vollen Glanze der neuen Würde aufgetreten waren, erwiederte das kurfürstliche Paar im Januar des folgenden Jahres den Besuch in Hannover. Bei dieser Gelegenheit gab es, außer anderen Festen, bei Hofe auch die Aufführung einer Wirtschaft: „Die alten Teutschen". Diese Wirtschaften waren damals ein sehr beliebtes Vergnügen. Die Mitglieder der Hofgesellschaft, oft selbst die fürstlichen Personen, waren dabei die Darsteller. Scenen aus dem Volksleben, Jahrmärkte, ländliche Feste u. s. w. wurden dargestellt und mit bezüglichen Versen und Gesängen gewürzt. Bei dieser Gelegenheit nun wurde das Leben der alten Deutschen in lebenden Bildern dargestellt. Die Einleitung bildete ein Prolog, welcher in ganz wackern Worten die alten deutschen Tugenden verherrlicht; Friedrich wird als Theseus, Ernst August als Orestes gepriesen und hinzugefügt:

So lange dieser Bund wird unverrücket stehn,
Wird es dem ganzen Reich nach Wunsch und Willen gehn.

Um diese Zeit kam auch Sophiens Enkel Friedrich Wilhelm nach Hannover. Ein besonderer Umstand vermochte den Kurfürsten, das einst der Großmutter gegebene Versprechen jetzt zu erfüllen. Am 29. December schluckte der Prinz, welcher sehr eigensinnig war, eine Schuhschnalle, die er nicht im Munde haben sollte, hinunter. Der Unfall hatte keine schädliche Folgen, aber der Kurfürst hielt es doch für angemessen, den kleinen Prinzen unter recht sorgfältige Obhut zu stellen, und so wurde er zu seiner Großmutter nach Herrenhausen geschickt, die ihn der Frau von Harling zur Erziehung übergab. Da der Prinz sich jedoch mit seinem Vetter Georg August durchaus nicht vertragen konnte, so scheint dieser Aufenthalt nicht von langer Dauer gewesen zu sein.

Der Carneval des Jahres 1693 sollte mit vollendeter Pracht gefeiert werden. Ernst August war sonst ein sparsamer Haushalter. — Ein einst ausgegebener Befehl, selbst die Knochen aus der Hofküche zu verkaufen, veranlaßte eine scherzhafte, zuerst an dem kleinen Hofe der Herzogin cirkulierende, von Leibniz verfaßte Petition der Hunde. — Jetzt aber sollte alles hochfürstlich ausgerichtet werden, und das geschah wirklich. Der Carneval wurde durch viele fürstliche Besuche verherrlicht; die Herzoglich-Sachsen-Eisenachischen Herrschaften, der Herzog und die Herzogin von Celle, der Herzog und die Herzogin von Ostfriesland hatten sich am kurfürstlichen Hoflager eingefunden, und während des ganzen Februar war jeder Tag durch besondere Festlichkeiten bei Hofe bezeichnet. Zweimal während dieser Zeit, am 15. und 18. Februar, besuchte der Hof die großen von der Stadt auf dem Rathhause veranstalteten Maskenbälle. In den ersten Tagen des März reisten die fremden Herrschaften wieder ab.

Leibniz war in dieser Zeit von Hannover abwesend, er hielt sich am Harz auf, wo er sich vergebens abmühte, durch eine von ihm erfundene Vorrichtung das dem Bergbau so hinderliche Grubenwasser zu bewältigen. Er correspondierte eifrig mit der Kurfürstin, der er alle seine Erlebnisse mittheilte.

Die Verleihung der neunten Kur an Hannover wurde in vielen Kreisen gefeiert. In Helmstädt und Wittenberg wurden academische Lobreden von dort studierenden Hannoveranern gehalten, und eine Flut von Gratulationsgedichten überschwemmte den Hof. Unter der Masse von unbedeutenden Gedichten zeichnet sich ein Werk in wohlthuender Weise aus. Es ist ein Singspiel von Joachim Meiern, Prof. P. an Sr. Churfürstlichen

Durchlaucht Gymnasio zu Göttingen, „Die siegende Großmuth". Der darin behandelte Gegenstand ist der Geschichte des Welfenhauses entlehnt. Es ist die Vermählung Heinrichs, des Sohnes des Löwen, mit Agnes von der Pfalz, also dasselbe Sujet, welches von Fr. v. Heyden in seiner lieblichen Dichtung „Das Wort der Frau" behandelt ist. Die Charakterisierung der einzelnen Personen ist vortrefflich, das Ganze ein würdiger Anfang zu einem nationalen Drama, der leider keine erfreuliche Folge gehabt hat. Als ein Beispiel des Tones und der Sprache mögen hier die Worte stehen, mit welchen der Herzog Conrad die Zumuthung des Kaisers zurückweist, das dem jungen Welfen gegebene Wort zu brechen. Er spricht:

— — Wenn der großen Prinzen Schweren
Nur ein Spiel der Winde ist,
Wird es sich gar leicht verkehren,
Daß der Pöbel auch vergißt
Die so hoch betheurte Pflicht,
Und im Halten wird erkalten,
Wenn er weiß vom Glauben nicht.

Nein, die Redlichkeit muß stehen
Als die Seule im Pallast,
Worauf man gestützt kann sehen,
Waß die Treu vor Zimmer faßt,
So bestehet Prinz und Land
In der Blüthe
Deren Güte
Räumet auß des Höchsten Hand ꝛc.

Unter den Festen des Jahres 1694 gab es bei Hofe wieder eine Wirtschaft: „Das Churfürstliche Bauerngelage". Darin tritt ein schwäbischer Bauer auf, der das Glück des Hannoverschen Bauern dem Elende gegenüber preist, welches der Krieg über das unglückliche Schwaben gebracht. Auch davon mag hier eine Probe stehen:

— Bringt die Sonnenfuhr den Morgen,
Kömbt Er auch mit Ihr hervor,
Lest die Sorge selber sorgen,
Hengt den Hut uffs linke Ohr,

Will Er mit viel Frucht und Wahren,
Nach der nah belegnen Stadt,
Heisset Er mit Sechsen fahren,
Macht sich selber spiegel glat,
Fürchtet keines überfallen
Von verruchter Feinde Schaahr,
Hört nicht der Cartaunen=Knallen,
Niemand krencket ihm ein Haar.
Sehet, so vergnüglich lebet
Ein hannöversch Ackersmann.

Das so froh begonnene Jahr sollte nicht enden, ohne dem kurfürstlichen Hause neue Schmerzen zu bringen. Schon oben ist angedeutet, daß die Ehe zwischen Georg Ludwig und Sophie Dorothea nicht glücklich war. Während einer Reise des Kurprinzen nach Berlin beschloß Sophie Dorothea, zu ihren Eltern zu fliehen, die sich damals auf dem Schlosse Bruchhausen aufhielten. Sie wurde von ihnen nicht so bereitwillig aufgenommen, wie sie es gehofft hatte, sondern veranlaßt, nach Hannover zurückzukehren. Nun wurde von ihr mit dem Grafen Königsmark, der einst der Genoß ihrer Kinderjahre am Hofe zu Celle gewesen war, der Plan zur Flucht nach Wolfenbüttel verabredet. In der Nacht vor der Ausführung dieses Planes (²/₃ Juli) verschwand Königsmark; vermuthlich ist er im Kampfe mit den zu seiner Verhaftung im Schlosse aufgestellten Trabanten gefallen. Sophie Dorothea wurde auf Befehl des Kurfürsten in ihren Zimmern bewacht; am 7. Juli wurde sie nach dem Schlosse Lauenau geführt, und nachdem am 28. December die Ehescheidung ausgesprochen war, wies man ihr die kleine cellesche Festung Ahlden zum Wohnsitze an. Dort hat sie in trauriger Abgeschiedenheit bis zum Jahre 1726 gelebt. Ihre Hofdame Fräulein von dem Knesebeck wurde in Scharzfeld in engem Gewahrsam gehalten, aus dem sie erst 1697 nach Wien entkam.

In Hannover und Herrenhausen wurde es unter diesen Umständen stiller und stiller, zumal da sich bei Ernst August die Beschwerden des Alters und körperliche Gebrechen mehrten. In dem Leben der Kurfüstin, welche dem geräuschvollen Treiben des Hofes häufig ferner gestanden hatte, war die Veränderung nicht so groß. Eine ausgedehnte Correspondenz beschäftigte sie gewöhnlich morgens; sie schrieb im Bette sitzend. Dann folgten Besprechungen mit Leibniz, lange Spaziergänge und kleine gewählte Abendzirkel. Herrenhausen war durch ein prächtiges, nach ihrem Plane gebautes Glashaus verschönert, andere Erweiterungen durch den Hofbaumeister Quirini folgten; die Wasserkünste waren vermehrt, und so hatte die Herzogin von Orleans wohl Recht, wenn sie am 3. März 1694 schrieb: „E. L. ordinari Schlendrian ist nicht schlimm und lustiger als die größte fete hier" und am 30. September 1696: „Ich kann mir nicht einbilden, daß E. L. Herren Söhnen die Zeit lange bei Ihnen fallen kann."

Dazu kam noch, daß Sophiens reger Geist sich mit den verschiedensten Plänen beschäftigte. Die Aussichten auf ihre Succession in England mehrten sich, es wurden durch Leibniz zahlreiche Verbindungen theils angeknüpft, theils erneuert. Für letzteren half sie in Berlin den Plan zur Begründung einer unter seine Leitung zu stellenden Academie der Wissenschaften betreiben, wobei sie zugleich den Wunsch hegte, ihn dauernder und öfter in der Nähe ihrer geliebten Tochter zu wissen. Für diese selbst wurde ihr Interesse durch den Plan des Kurfürsten, sich die Königskrone aufzusetzen, angeregt. So berührte die Politik, die Ernst August lebhaft beschäftigte, nicht minder oft ihr Stillleben in Herrenhausen. Besuche zwischen Herrenhausen und Berlin wurden fast jährlich gewechselt.

Ein besonderes Ereigniß vereinigte im Herbste 1695 die ganze kurfürstliche Familie. Es war die am 14. November 1695 vollzogene Trauung von Charlotte Felicitas, Tochter des verstorbenen Herzogs Johann Friedrich, mit dem Herzoge von Modena, dessen Stelle bei dieser Feierlichkeit der Marquis von Este vertrat. Ein Saal im Schlosse war mit einem Altar versehen, an welchem der Weihbischof von Osnabrück die Trauung in Gegenwart des Hofes vollzog. Durch diese Verbindung, deren erste Anknüpfung durch Leibniz in Italien geschehen sein mag, wurden nur uralte Familienverbindungen des welfischen Hauses erneuert.

Im Sommer des Jahres 1696 war Ernst August im Wißbad (Wiesbaden?), wo er einen „starken Zufall" hatte, der die kurfürstliche Familie für sein Leben fürchten ließ, aber glücklich überwunden wurde.

Das folgende Jahr verschaffte Sophie eine Zusammenkunft mit dem russischen Czaren Peter, die ihren lebhaften Geist lange beschäftigte. Wir besitzen über dieses Ereigniß mehrere Briefe der Kurfürstin Sophie und einen Brief der mit gegenwärtigen Kurfürstin von Brandenburg an den ihr sehr ergebenen Herrn von Fuchs, der ihr seinerseits über den Czaren von Königsberg aus berichtet hatte. Die folgende Schilderung der Begebenheiten ist diesen Briefen entnommen.

Der Czar reiste im Sommer 1697 incognito als Mitglied einer außer ihm noch aus drei Personen bestehenden moscowitischen Gesandtschaft durch Deutschland nach Holland. Der Kurfürst von Brandenburg, dessen Staaten er zuerst berührte, geleitete ihn auf seine Kosten bis Wesel. Nach Hannover zu kommen, hatte der Czar abgelehnt, dagegen willigte er nach einigem Sträuben in eine Zusammenkunft mit den fürstlichen Herrschaften in Coppenbrügge, einem damals unter welfischer Lehnshoheit stehenden fürstlich Nassauischen Schlosse. Es war dabei ausgemacht, daß kein officieller Empfang stattfinden sollte. Ein Ausflug des Czaren nach dem Brocken verzögerte seine Ankunft um einige Tage. Dienstag den 27. Juli sollte er von Steuerwald, seinem letzten Nachtquartiere, nach Coppenbrügge kommen, wo der hannoversche Hofmarschall von Koppenstein für seine Bewirtung und sein Logis im Schlosse die erforderlichen Anstalten getroffen hatte. Dorthin eilte nun die Kurfürstin an jenem Tage mit ihrer Tochter, dem Kurprinzen mit seinen beiden Kindern, den Prinzen Christian und Ernst August und einem ansehnlichen Gefolge. Als der Czar bei seiner Ankunft eine Menge von Menschen auf dem Schloßwalle stehen sah, fürchtete er, daß man ihm gegen die getroffene Abrede doch einen solennen Empfang bereitet habe, fuhr vorbei und stieg in einem Bauernhause ab. Erst nachdem alle Anwesende durch Soldaten entfernt waren, ließ der Czar sich bewegen, gegen acht Uhr zu Fuß ins Schloß zu kommen. Nach einer kurzen Begrüßung ging man zu Tisch. Der Czar saß zwischen den beiden Kurfürstinnen, die ihn um die Wette unterhielten.

Obgleich er anfangs geradezu blöde war und sich die Hand vors Gesicht hielt, wenn er angeredet wurde, wurde er doch bald zutraulicher und beantwortete die von seinen geistreichen Nachbarinnen an ihn gerichteten Fragen mit Geist und Gewandheit durch die hinter ihnen stehenden Dollmetscher. Obgleich Sophie dem Czaren alle Anlage zur Galanterie abspricht, so flößten ihm die beiden fürstlichen Frauen doch so viel Respekt ein, daß er sich in ihrer Gesellschaft nicht berauschte. Bei Tisch tauschte er mit der Kurfürstin von Brandenburg die Tabatière aus. Die Sitte des Schnupfens hatten die deutschen Frauen längst von den Französinnen angenommen. Verschiedene Personen hatten die Ehre, daß der Czar ihnen eigenhändig zu trinken gab. Die italienische Kapelle aus Berlin musicierte bei Tafel zur Zufriedenheit des Gastes, der jedoch offen gestand, daß er sich aus Musik nicht viel mache. Er zeigte seine schwieligen Hände und erzählte, daß er den Schiffbau leidenschaftlich liebe und im ganzen vierzehn Handwerke verstehe. Der Narr des Czaren erschien auch und wurde von ihm mit einem großen Besen zum Saale hinausgefegt; freundlicher beschäftigte er sich mit seinen Zwergen. Sophiens Enkel küßte er beide zärtlich. Die Tafel dauerte bis zwölf Uhr; dann begann der Tanz. Erst wurden französische Tänze ausgeführt, dann russische, wozu die Violinisten des Czaren spielten. Die beiden Kurfürstinnen nahmen lebhaft an dem Tanze theil, und der Czar, welcher die damals üblichen panzerartigen Damencorsets nicht kannte, wunderte sich, daß die deutschen Frauen so „verteufelt harte Knochen" hätten. Um vier Uhr verabschiedete sich der Czar, und der hannoversche Hof fuhr nicht, wie vorher beabsichtigt gewesen, nach Volldagsen, sondern direkt zurück nach Herrenhausen. Die Sitten und Manieren des Czaren schildert die Kurfürstin als roh, sein Herz nennt sie gut, und vor seinem Geiste spricht sie die größte Hochachtung aus. Nach dem Abschiede der fürstlichen Herrschaften berauschte sich das Gefolge des Czaren entsetzlich, so daß alle am andern Morgen noch trunken in die Wagen taumelten. Herr von Koppenstein erhielt zum Geschenk einen prächtigen Zobelpelz, und die Kurfürstin meint, er habe denselben wohl dafür verdient, daß er solchen Trinkern Stand gehalten.

Von Holland aus sandte der Czar der Kurfürstin Zobel=
felle und kostbaren Damast als Zeichen dankbarer Erinnerung.

Die Erlebnisse dieses Tages wurden nun daheim mündlich
und schriftlich mit vielen Personen, namentlich mit Leibniz er=
wogen, der auf die Verbindung seiner Fürstin mit Peter schnell
allerlei Pläne baute, wie Rußland der Cultur und der Wissen=
schaft erobert werden könne.

Nach der Abreise ihrer Tochter begannen für die Kurfürstin
trübe Tage. Das Befinden ihres Gemahls verschlimmerte sich
merklich, der Hof blieb in Herrenhausen; endlich hütete der Kur=
fürst sogar das Bett, und der Hofprediger Erythropel mußte
die Sonntagspredigt im Vorzimmer halten. Mit aufopfernder
Treue pflegte die Kurfürstin den todkranken Gatten Tag und
Nacht, Sophie Charlotte eilte aus Berlin herbei. Am 23. Ja=
nuar verschied der hohe Herr, dem die Liebe seines Volkes folgte.
Die Leiche wurde durch einen feierlichen Conduct nach dem
Residenzschlosse geführt, wo sie einbalsamiert und in Parade
ausgestellt wurde. Am 22. März abends 8 Uhr trugen 12 Ober=
sten und 4 Oberstleutnants die Leiche in aller Stille in das
Castrum doloris in der Schloßkirche. Am folgenden Tage
fand unter dem Gesange: „Nun laßt uns den Leib begraben 2c.",
unter dreimaliger Kanonensalve und unter dem Geläute aller
Glocken die feierliche Beisetzung in dem Grabgewölbe der Schloß=
kirche statt. Am folgenden Sonntage wurden in allen Kirchen
des Landes die ausführlichen Personalien Ernst Augusts ver=
lesen. Sein Wahlspruch war: „Sola bona, quae honesta."

Seine Witwe blieb in tiefer Einsamkeit zurück. Zwei Söhne
waren den Heldentod gestorben; Max und Christian, letzterer
jetzt auch in kaiserlichen Diensten, weilten in der Fremde und
protestierten gegen die Nachfolge Georg Ludwigs; nur der jüngste
ihrer Söhne, Ernst August, weilte bei der trauernden Mutter,
der der neue Kurfürst, ohne ihr den schuldigen Respekt zu ver=
sagen, doch nur geringe Theilnahme entgegentrug. Leibniz
weilte in Wolfenbüttel.

In dieser Zeit kam die Raugräfin Luise, eine Nichte der
Kurfürstin, die Tochter ihres Bruders Karl Ludwig und der Luise
von Degenfeld, als Hofmeisterin zu ihr, und an ihr hat sie
eine treue Freundin besessen. Die Correspondenz mit der Her=

zogin von Orleans wurde nun noch lebhafter. Zweimal wöchent= lich, Sonntags und Donnerstags, schrieb diese lange Briefe, oft von 12—14 Bogen, an ihre Tante, und alle zeugen von ihrer herzlichen Zuneigung zu derselben. Die Äbtissin von Maubuisson schrieb ihr auch fleißig und malte im Sommer 1699 für sie eine Copie des goldenen Kalbes nach Poussin. Daß Sophiens Interesse für Politik und Wissenschaft nicht schlum= merte, sehen wir aus vielen Correspondenzen, und daß sie auch Interesse an weltlichen Vergnügungen genommen, beweist ein Bericht, den sie ihrer Nichte im September 1699 über die Ver= gnügungen auf der Leipziger Messe abstattete. — Auf ihren Wunsch wurde jetzt eine andere Richtung in der kirchlichen Po= litik eingeschlagen. Je mehr die englische Succession in den Vordergrund trat, desto mehr zog man sich von den mit den Katholiken angeknüpften Verbindungen zurück. Man hielt eine Vereinigung der sämmtlichen protestantischen Kirchen für leichter ausführbar und hoffte, Lutheraner, Reformierte und selbst Anglica= ner zu einer evangelischen Kirche vereinigen zu können. Leibnitz knüpfte zu dem Ende mit den berliner Theologen Verbindungen an, allein auch diese unionistischen Bestrebungen führten zu keinem Resultate.

Einen Theil des Sommers 1699 verlebte Sophie in Lins= burg. In dieses Jahr fällt auch die Vermählung von Amalie, der jüngsten Tochter Johann Friedrichs, mit dem römischen Könige Joseph. Im Frühling 1700 war Sophie Charlotte in Han= nover, und die Errichtung der Academie der Wissenschaften in Berlin, die Erlangung der Königswürde in Preußen und die englische Succession wurden vielfach zwischen den beiden Frauen erörtert. Alle diese Ideen gingen einer baldigen Verwirklichung entgegen. Am Geburtstage des Kurfürsten von Brandenburg am 11. Juli wurde die Stiftungsurkunde der Societät der Wissenschaften unterzeichnet, zu deren Präsidenten Leibnitz er= nannt wurde. Der Tag wurde in Charlottenburg, dem Herren= hausen der Kurfürstin, mit einer Wirtschaft gefeiert, von der Leibnitz der Kurfürstin Sophie eine lebensvolle Beschreibung macht. Es war eine Jahrmarktsscene mit wahrsagenden Zigeu= nern, einem Wunderdoctor rc. Herr von Flemming brachte den kräftigen Toast aus: „Vivat Friedrich und Charlot! Wers nicht recht meint, ist ein Hundsfot!" Die Kurfürstin spielte die Frau des Wunderdoctors, und der Kurfürst mischte sich, als holländischer Matrose gekleidet, in das Gewühl und machte Einkäufe in den Buden.

Unter all dem fröhlichen Treiben reiften große Pläne. Im Spätsommer des Jahres traten die beiden Kurfürstinnen in Begleitung des damals zwölfjährigen Kurprinzen Friedrich Wilhelm eine diplomatische Reise an. Es galt, die Anerkennung der preußischen Königswürde und der englischen Succession zu erwirken. Als äußerer Vorwand für die Reise diente ein Besuch des Bades in Aachen. Von da reisten sie nach Brüssel, wo der prachtliebende Kurfürst von Baiern, Maximilian Emanuel, als Statthalter der Niederlande residierte. Sie wurden mit den glänzendsten Festen empfangen und erhielten die befriedigendsten Zusicherungen.

Von Brüssel ging die Reise durch Flandern und Holland und war reich an Jugenderinnerungen für Sophie. Am 26. October langten die hohen Reisenden in Rotterdam an. Sofort schickten sie zu Bayle und ließen ihn um seinen Besuch bitten. Er ließ sich anfangs entschuldigen, weil eine heftige Migräne ihn ans Bett fesselte. Auf den wiederholten, durch Graf Dohna überbrachten Wunsch der beiden Kurfürstinnen kam er doch in Gesellschaft von Basnage und wurde mit großer Auszeichnung empfangen. Die Kurfürstin Sophie unterhielt sich lange mit ihm, und die schwierigsten Materien der Philosophie wurden besprochen. Basnage unterhielt indessen die Kurfürstin von Brandenburg, die gegen ihn mit der höchsten Achtung über Bayle und seine Werke redete. Die Fürstinnen wünschten, den Gelehrten mit nach Delft zu nehmen; Bayle verzögerte die Abreise und trennte sich im Haag von ihnen.

Vom Haag ging die Reise nach Loo, wo der König Wilhelm III von England mit ihnen zusammentraf und der einen die Anerkennung ihres Gemahls als König, der andern die Succession in England versprach.

Schon das folgende Jahr brachte beiden die Verwirklichung ihrer Pläne. Am 18. Januar 1701 setzte sich Friedrich in Königsberg unter prunkvollen Festen die Krone auf; bald darauf beschloß das englische Parlament, daß nach ohne Erben erfolgendem Tode des Königs Wilhelm und seiner zunächst zur Nachfolge berechtigten Schwägerin Anna die englische Krone auf Sophie, Kurfürstin von Hannover, übergehen solle. Lord Macclesfield wurde von König Wilhelm beauftragt, der Kurfürstin die Successionsacte zu überbringen. Ein glänzendes Gefolge schloß sich dem Lord schon in England an, und in Holland reisende Engländer vermehrten dasselbe noch. An der Grenze des Landes wurde die Ambassade durch eine Deputation empfangen und feierlich nach Hannover geleitet, wo sie am 12. August abends ankam. Für den Gesandten hatte man das Haus des Schatzraths von Rheden eingerichtet, und alle Engländer wurden während der ganzen Zeit ihres Aufenthalts in Hannover aufs freigebigste bewirtet; Wagen und Sänften standen fortwährend zu ihrer Verfügung. Die Dienerschaft bekam täglich eine halbe Krone Kostgeld; überdies waren die Bürger angewiesen, ihnen ohne Bezahlung Speisen und Getränke, die sie fordern würden, zu verabfolgen.

Auf den 15. August war die feierliche Audienz im Schlosse angesetzt, in welcher der Gesandte der Kurfürstin die Parlamentsakte übergeben sollte. Das war ein Augenblick, in welchem der Stolz der Kurfürstin einen glänzenden Triumph feierte; denn hier war sie der Mittelpunkt der Huldigung, die ein großes Volk durch seinen Botschafter ihr zu Füßen legte. In glänzender Auffahrt wurde der Gesandte von seinem Quartiere nach Hofe geführt. Unter einem Baldachin stehend, erwartete ihn die Kurfürstin in ihrem Audienzzimmer, umgeben von ihrem eigenen Hofstaate. Mit drei Verbeugungen nahte sich ihr Lord Macclesfield, küßte ihr knieend die Hand, und nach kurzer Ansprache übergab er das bis dahin von seinem Secretär Herrn Williams getragene mit Gold verzierte Futteral, welches die Akte enthielt. Die Kurfürstin übergab dieselbe dem Kammerjunker von Brauns, beantwortete die Anrede des Gesandten und reichte ihm die Hand zum Kusse. Der Gesandte begab sich nun zur Audienz zum Kurfürsten und zum Kurprinzen, die Kurfürstin aber zeigte indessen die auf Pergament geschriebene Urkunde jedermann.

In den folgenden Tagen gab die Verleihung des Hosenbandordens an den Kurfürsten zu neuen Festen Veranlassung.

Die Mitglieder der Gesandtschaft waren entzückt von der Kurfürstin. Die Gewandtheit, welche sie im Gebrauche der englischen Sprache an den Tag legte, ihre genaue Kenntniß der englischen Staatsverhältnisse, der englischen Literatur und der kirchlichen Zustände setzten sie in das höchste Erstaunen. Man vergaß bei dieser geistigen Beweglichkeit das hohe Alter der Kurfürstin und nannte sie nur „die junge Prinzeß Sophie". Der Gesandte wurde reich beschenkt entlassen; die Kurfürstin überreichte ihm ihr reich mit Diamanten besetztes Bild, der Kurfürst schenkte ihm eine Gießkanne mit Becken von gediegenem Golde.

Viele Engländer, unter ihnen der als Freigeist bekannte Toland, blieben noch zurück, als die Gesandtschaft abreiste. Die Zahl der am hannoverschen Hofe einkehrenden Engländer war so groß, daß man den Hof der Kurfürstin in Herrenhausen Klein-England nannte. Daß unter diesen Zugvögeln, welche sich der aufgehenden Sonne zuwandten, viele selbstsüchtige Persönlichkeiten waren, darf uns nicht verwundern. Auch jener Toland, der die Kurfürstin schwärmerisch verehrte, war ihr, obwohl sie seinen Geist schätzte, doch bald lästig, weil er in England seiner Freigeisterei wegen anrüchig war, und sie wußte ihn rechtzeitig zu entfernen.

Leibniz schrieb über diese Vorgänge an die Königin von Preußen: „Die Frau Kurfürstin war ungeduldig, Sie als Königin zu sehen; und kaum sind Sie es geworden, so freut es sie, sich auf dem Wege zu sehen, Ihnen zu folgen. Denn da sie Ihnen in so viel andern Dingen das Beispiel gegeben hat, welche Sie so groß und anbetungswürdig machen, so freut sie sich, ihrerseits das Beispiel ihrer Majestät in demjenigen, was die Welt sich als das Größte vorstellt, zu erhalten. Es ist wahr, weder jene noch Sie, beide haben Sie der Kronen und Diamanten nicht nöthig, um zu glänzen." Elisabeth von Orleans schrieb unterm 12. October 1701: „Königin sein, ist überall beschwerlich; — — mich deucht, matante, die Frau Kurfürstin, werde sich besser dazu schicken als ich." — Sophie selbst hatte schon 1698 im Hinblick auf die englische Succession an Leibniz geschrieben: „Wenn ich jünger wäre, könnte ich mir mit einer Krone schmeicheln. Jetzt aber würde ich, wenn ich die Wahl hätte, mir lieber einen Zuwachs an Jahren als an Größe wünschen."

Es ist oben erwähnt, daß die Kurfürstin ihren besondern Hofstaat hatte. Der Italiener Leti, welcher die nordischen Höfe noch zu Lebzeiten Ernst Augusts besuchte, führt als Hofstaat der Kurfürstin einen Maître d'hôtel, einen ersten Gentilhomme, eine erste Hofdame, drei Hofdamen und vier Hoffräulein auf. In Paris hielt sie einen besondern Beauftragten, der ihr die neusten Erscheinungen der französischen Mode zusenden mußte. Sie legte Werth darauf, durch den Glanz der äußeren Erscheinung die übrigen Damen des Hofes zu überstrahlen, wie sie es durch die wahrhaft königliche Würde ihrer ganzen Erscheinung that.

In den folgenden Jahren begegnen wir Sophie oft auf Reisen nach Berlin, wo ihre Gegenwart sehr nöthig war, um theils das gute Einvernehmen zwischen dem Könige und der Königin, welches manche Trübungen erlitt, wieder herzustellen, theils die Mißverständnisse wegzuräumen, welche die beiden Höfe seit dem Tode Ernst Augusts nicht selten zu entzweien drohten. Meistens gelang ihr ihre Absicht, da der König Friedrich hohe Achtung vor ihr hegte. Die Besuche der Kurfürstin in Berlin gaben dann auch der Königin Veranlassung, die ihr so liebe Ungebundenheit von Charlottenburg aufzugeben und bei Hofe zu erscheinen. In einem Billet an ihre Hofdame, Fräulein von Pöllnitz, sagte sie einst: „Madame l'Electrice est arrivée; que d'étiquettes à observer! ce n'est pas que je haïsse le faste, mais je le voudrais indépendant de la gêne."

Der Tod Wilhelms III (1702) brachte die Kurfürstin dem englischen Throne um einen Schritt näher, denn die Königin Anna hatte alle ihre Kinder vor sich sterben sehen, und die englischen Zustände nahmen ihre Aufmerksamkeit von nun an um so mehr in Anspruch. Sie bemühte sich nach Kräften, die sich dort befehdenden Parteien zu versöhnen.

Zum Carneval des Jahres 1702 reiste die Königin von Preußen nach Hannover. Der Bruder des Königs, Markgraf Albert, welcher ihr besonders zugethan war, vertrat auf dieser Reise die Stelle ihres Kutschers. In seidenen Strümpfen, ge=

sticktem Sammtrock und großer Perrücke fuhr er sie von Berlin nach Hannover und dort auf allen Promenaden. Ein Brief von Leibniz an die Fürstin Luise von Hohenzollern enthält eine lebendige Schilderung der Festlichkeiten. Maskenfeste, Bälle, Theater, Spielpartieen wechselten fortwährend mit einander, die Carnevalslust gipfelte aber in der Darstellung eines alten römischen Mahles. Das 1662 zuerst aufgefundene Werk des Petronius (starb 67 n. Chr.) „Das Gastmahl des Trimalchion," welches ein Bild der schlechten Sitten des alten Rom aus der Kaiserzeit gewährt, kam zur Aufführung. Vom Petronius entlehnte man dabei nur die Form. Die Gäste waren römisch gekleidet und lagen auf Ruhebetten am Tische; Knaben trugen Pasteten auf, aus denen beim Aufschneiden lebendige Vögel hervorflogen, welche die Jäger wieder einfingen; ein Esel mit Körben voll Oliven wurde in den Saal geführt; zwölf Gerichte stellten die Bilder des Thierkreises dar. Trimalchion wurde auf einer Tragbahre von Sklaven hereingetragen, und ein ungeheurer Troß von Dienern folgte ihm. Die Königin von Preußen war Fortunata, der Raugraf Karl Moritz, Halbbruder der Herzogin von Orleans, Trimalchion, Georg Ludwig und Ernst August waren unterden Gästen, Hortensio Mauro war Eumolpus. Die bei dem Gelage gesungenen und declamierten Verse, welche dem ästhetischen Gefühle der Gegenwart allerdings nicht zusagen dürften, schilderten die Abenteuer des modernen Trimalchion, des Raugrafen Karl Moritz, der ein arger Trinker war und ein unstetes Wanderleben an verschiedenen europäischen Höfen führte. Nachdem er ungeheure Massen von Falerner getrunken, machte Trimalchion ein scherzhaftes Testament, ließ Sclaven frei und gab sich bis zum Ende den derben Späßen seiner Gäste mit gutwilliger Laune hin. Die Kurfürstin Sophie und der Herzog von Celle beschränkten sich darauf, dem wilden Gelage als Zuschauer beizuwohnen.

Im Anfange des Jahres 1703 litt die Kurfürstin an einem leichten Unwohlsein; doch schon am 5. April spricht die Herzogin von Orleans ihre Freude über die vollständige Genesung aus. Auch die Äbtissin von Maubuisson war damals krank gewesen. Die Herzogin sagt: „Diese Fürstinnen haben starke Naturen; ich hoffe, sie werden es weit bringen."

Der Prinz Christian hatte sich den Protesten des Prinzen Maximilian gegen die Thronfolgeordnung angeschlossen. Er focht als kaiserlicher General in Ungarn, am Rhein und in den Niederlanden. Am 31. Juli 1703 kämpfte er bei Münder=kingen an der Donau, nicht fern von Ulm, an der Spitze seines Dragonerregiments gegen eine französische Übermacht. Zum Rückzuge genöthigt, wollte er eine Furt in der Donau benutzen. Er verfehlte die Furt, das schwimmende Pferd wurde durch eine feindliche Kugel getödtet, und der Prinz ertrank in den Fluten des Stromes. Mit ihrem Schmerze zog sich Sophie in die Einsamkeit von Herrenhausen und Linsburg zurück.

Im Herbst dieses Jahres wurde der hannoversche Hof durch die Reise des Königs Karl von Spanien, der sich nach langem Zaudern endlich selbst in das Land begab, um dessen Besitz für ihn schon jahrelang gekämpft war, in eine nicht ge=ringe Aufregung versetzt. Dem hohen Reisenden gegenüber gab es viele Etikettenfragen zu erledigen. Mit einem Gefolge von 183 Personen, zu deren Beförderung auf jeder Station 354 Pferde erforderlich waren, kam der König in Hameln an, wo ihm der Kurfürst und der Kurprinz ihren Besuch machten. Nicht ohne Interesse ist das Verzeichniß des Kurfürstlichen Küchenschreibers über die Provisionen, welche für die Bewirtung des Königs in Hameln für erforderlich gehalten wurden. Es sind demzufolge nach Hameln geschickt: 1 Ochse, 40 Hämmel, 48 Puter, 100 fette Hühner, 300 junge Hühner, 18 fette Gänse, 36 Enten, 300 Tauben, 100 Ortolanen, 42 fette Wachteln. Wild wurde dort requiriert, Fische beim Oberamtmann in Aerzen und bei dem Amtsverwalter in Ohsen bestellt. Dann folgt noch ein großes Verzeichniß von Gewürzen. Man sieht aus allem, daß in der Hofküche zu Hannover nicht gegeizt wurde, denn es handelte sich bei dieser Gelegenheit nur um einen einzigen Tag, wo der König mit seinem Gefolge zu bewirten war.

Aus dem folgenden Jahre liegen mehrere Briefe der Kur=fürstin vor, aus denen hervorgeht, wie ernstlich sie sich mit den englischen Angelegenheiten beschäftigte. Darüber vergaß sie ihre Freunde nicht. Leibniz hatte den Wunsch, die Stelle eines Vicekanzlers am hannoverschen Hofe zu bekommen; sie räth ihm von der Bewerbung ab und meint, sie würde nichts gegen seine Wünsche haben, wenn die hannoverschen Gesetze nicht so verwickelt, sondern so gut wie die türkischen wären, die nach der Billigkeit zu urtheilen erlaubten. Auch den Wunsch, die Abtei Ilefeld zu erhalten, konnte sie Leibnitz nicht erfüllen, da ihr Einfluß bei ihrem Sohne ein sehr geringer war.

Der Herbst des Jahres führte den englischen Feldherrn Herzog von Marlborough nach Hannover, und Sophie spricht sich sehr befriedigt über die Art und Weise aus, wie er ihr seine Huldigungen dargebracht. Endlich entschloß sie sich noch zu einer Reise nach Berlin, um sich dadurch des Besuches ihrer Tochter für den Carneval des nächsten Jahres zu vergewissern.

An den Erfolgen des Jahres 1704, namentlich an dem glänzenden Siege bei Höchstädt (13. August) hatten die hannoverschen Truppen den ehrenvollsten Antheil genommen, und ein glänzender Carneval sollte der Ausdruck der freudigen Stimmung sein.

Am 12. Januar reiste die Königin von Preußen aus Berlin ab. Sie fühlte sich leidend und mußte in Magdeburg eine kurze Rast halten. Die Ungeduld, die harrende Mutter zu sehen, trieb sie zu rascher Weiterreise. Krank kam sie in Hannover an, besuchte aber dennoch einen Ball bei dem Kommandanten von Rheden. Das Übel, eine Halskrankheit, verschlimmerte sich rasch, es wurden mehrere Aerzte herbeigezogen, und die Vorbereitungen zum Carneval wurden eingestellt. Die Kurfürstin und Fräulein von Pöllnitz pflegten die Kranke mit der treuesten Hingebung, endlich erkrankte die Kurfürstin selbst. In der Nacht vom 31. Januar auf den 1. Februar wurde der Geistliche der französischen Gemeinde in Hannover, La Bergerie, zwischen 1 und 2 Uhr zur Königin gerufen. Er verbrachte nach seiner eigenen Erzählung längere Zeit bei ihr in Unterhaltungen, wie sie der ernsten Stunde angemessen waren. Er fand die Sterbende voll Vertrauen auf die Gnade Gottes und ergeben. Sie starb nach einem milden Abschiede von den Ihrigen, erst 37 Jahre alt. Die tiefste Trauer verbreitete die Schreckenskunde nicht nur am Hofe, sondern auch in der Stadt und im Lande.

Leibnitz hatte die Königin von Berlin nach Hannover begleiten wollen, war aber durch Geschäfte zurückgehalten. Der Schreck über die Nachricht von ihrer ernstlichen Erkrankung warf ihn selbst aufs Krankenlager. Sophie, unfähig selbst zu schreiben, ließ ihm die Todesbotschaft durch Hortensio Mauro mittheilen und sogleich befehlen, er möge ihre Correspondenz mit der Königin zurückfordern, da sie nicht wünsche, daß dieselbe in fremde Hände falle, obgleich sie für niemand etwas Nachtheiliges enthalte. Die in Berlin residierenden fremden Gesandten machten Leibniz Condolenzbesuche, weil sie wußten, was er durch den Tod der Königin verloren hatte. Eines seiner berühmtesten Werke, die Theodicee, ist theilweise als das Resultat seiner Unterhaltungen mit der Königin und als ein unvergängliches Denkmal anzusehen, das er ihr setzte. Ihre Wißbegierde war so groß, daß Leibniz einst sagte, sie verlange von ihm „le pourquoi du pourquoi."

Die Herzogin von Orleans war durch die Todesnachricht aufs tiefste erschüttert; sie schreibt „Es ist mir gar zu bitter angst vor matante." Gern, sagt sie, wäre sie selbst für die schöne Königin gestorben, denn die hätte die Tante über sie trösten können. In einem andern Briefe gedenkt sie des lutherischen Todtenliedes, das sie zu Hannover oft gesungen:

„Heut sind wir schön, gesund und stark,
Morgen todt und liegen im Sarg!
Heut blühen wir, wie die Rosen roth,
Bald krank und todt;
Ist allenthalben Müh und Noth."

Das war der härteste Schlag, der die vielgeprüfte Kurfürstin getroffen hatte, und ein weniger starker Geist als der ihrige würde denselben nicht ertragen haben.

Die Leiche der Königin wurde einbalsamiert und vom 19. bis 21. Februar in einem schwarz decorierten Gemache des Schlosses auf einem Paradebette ausgestellt. Am 9. März wurde die Leiche unter feierlichem Geleite aus dem Schlosse gebracht; an der brandenburgischen Grenze wurden die hannoverschen und cellesschen Begleiter durch ein großes preußisches Gefolge abgelöst. Der König war durch den Tod seiner Gemahlin tief bewegt und wollte ihr ein prachtvolles Leichenbegängniß bereiten. Fünf Monate lang stand der Sarg der Königin in der alten Schloßcapelle, denn so lange dauerten die Vorbereitungen zu der feierlichen Beisetzung. Der Katafalk in der Domkirche allein kostete 80,000 ℳ, die Kosten des ganzen Leichenbegängnisses werden auf 200,000 ℳ veranschlagt.

Einen großen Trost gewährte der Kurfürstin die Verlobung ihres Enkels, des Kurprinzen, mit Karolina von Anspach-Bayreuth, einer Prinzessin von seltener Anmuth und hohen Geistesgaben, die 1703 den ihr bestimmten Kaisersohn, König Karl von Spanien ausgeschlagen hatte, weil sie sich trotz der Überredungskünste des Jesuiten Urban nicht entschließen konnte, katholisch zu werden. Im August spricht die Herzogin ihre Freude darüber aus, daß die Kurfürstin in der Braut eine angenehme Gesellschafterin finden werde, und hofft, daß eine frohe Hochzeit (2. September 1705) dem Trauern am Hofe zu Hannover ein Ende machen werde. Und in der That, Karoline wurde der Kurfürstin eine kindlich ergebene Freundin, und Leibnitz genoß wieder glückliche Stunden im Verkehre mit den beiden geistvollen Fürstinnen.

Noch vor diesem frohen Ereignisse war Georg Wilhelm am 28. August in Wienhausen gestorben. Kraft der durch das Testament Georg Wilhelms bestätigten Verträge war Georg Ludwig sein Erbe, und so war denn nun ein großer Theil der alten welfischen Lande unter einem Scepter vereinigt, dem auch Lauenburg, das einstige Besitzthum Heinrichs des Löwen, gehorchte.

Spittler schließt seine Geschichte des Fürstenthums Hannover mit den treffenden Worten, die hier eine Stelle finden mögen: „Welch ein schöner Blick ist's nun von Münden bis nach Ratzeburg hinab; aus dem engen Thale, wo sich Weser und Fuld vereinigen, bis hinab nach Stade, bis hinab zur schönen, schiffreichen Elbe! Und von diesem ganzen schönen Lande, das sich so wunderbar unter einem Herrn allmählich vereinigte, ist nichts gewaltthätig einem Nachbar abgedrängt, nichts einem schwächeren halbrechtlich entrissen, nichts durch blindes Heirathsglück gewonnen, es ist lauter gerechtes Gut, altes Stammgut, neugekauftes Land! — Wie viele Acquisitionstabellen großer Fürstenlande können sich so schließen? Und wo ist vollends noch das deutsche Land, das nach starken Anstrengungen, die es noch zu Ende des vorigen Jahrhunderts litt, gerad in dem Zeitalter, da alles nach despotischer Gewalt ringt, da alles unter despotischer Gewalt immer tiefer versinkt, seine mildeste Regierung genoß, seine ausgebildeteste Freiheit ungekränkt behauptete!" — Möge der Segen ihres Ursprungs sich an den welfischen Landen für und für bethätigen!

Nachdem die Kurfürstin die Folgen eines Falles im Herbste des Jahres glücklich überstanden hatte, wurde das Jahr 1706 mit einem frohen Carneval begonnen. Im Mai besuchte die Kurfürstin den alten Anton Ulrich in Braunschweig. Seit 15 Jahren hatte sie diesen nahen Verwandten nicht gesehen, und nun gab es ein frohes Wiedersehen.

Am 16. Juni kam der König von Preußen mit seinem Kronprinzen in Hannover an. Wurden durch diesen Besuch auch trübe Erinnerungen in dem Herzen der Kurfürstin geweckt, so war doch die Veranlassung des Besuches eine freudige. Der König hatte das Glück seines Lebens in der Ehe mit Sophie Charlotte gefunden, und so wünschte er seinem Sohne ebenfalls eine Lebensgefährtin aus dem hannoverschen Fürstenhause zu geben. Er warb bei der Kurfürstin und dem Kurfürsten um die Hand von Sophie Dorothee für seinen Kronprinzen Friedrich Wilhelm. Am 18. Juni wurde die Verlobung in den Gemächern der Kurfürstin feierlich vollzogen, und dann begann ein Ball, bei welchem die fast 76 Jahr alte Kurfürstin sich die Ehrentänze nicht nehmen ließ. —

Nun begann für Sophie eine Zeit emsigen Schaffens. Sie hatte ja bei ihrer Enkelin die Stelle der Mutter zu vertreten, und die Ausstattung sollte glänzend werden.

Nachdem ihre Aufmerksamkeit für kurze Zeit durch eine englische Gesandtschaft gefesselt war, von welcher ihr Lord Halifax besonders gefiel, und nachdem sie bei der kranken Herzogin von Celle einen Besuch abgestattet hatte, schickte sie einen besonderen Bevollmächtigten nach Paris, um unter dem Beirath der Herzogin von Orleans die erforderlichen Stoffe zu wählen. Der Abgesandte, den die Herzogin in ihren Briefen monsieur schultes nennt, betrug sich impertinent gegen sie und scheint ihre Befehle nicht pünktlich respectiert zu haben, so daß sie wiederholt betheuert, sie sei nicht schuld, wenn die Prinzessin Braut nicht gut genug geschmückt erscheine. Nichts desto weniger war die Ausstattung so glänzend, daß Ludwig XIV sagte, er wünsche, daß es in Deutschland viele Prinzessinnen gebe, auf deren Aussteuer so viel verwendet werden könne; die pariser Kaufleute würden sich gut dabei stehen. Die Kosten einer solchen Ausstattung wurden nach altem Herkommen durch eine besondere Steuer, die sogenannte Fräuleinsteuer, aufgebracht.

Am 14. November, nachdem Tags zuvor der Hof von Herrenhausen in das Stadtschloß übergesiedelt war, wurde durch den Hofprediger Erythropel (die Braut blieb lutherisch) die Trauung vollzogen, bei welcher der Kurprinz die Stelle des Kronprinzen von Preußen vertrat. Nach der Trauung war Tafel, dann Ball, wobei nach altem deutschen Brauche den fürstlichen Paaren beim Tanze Cavaliere mit brennenden Fackeln folgten.

Am 17. November gab der ganze Hof der Kronprinzessin das Geleit bis zum Lister Turm, und von da ging ihr Zug, der mit dem Troß auf jedem Relais 520 Pferde bedurfte, über Burgdorf und Gifhorn an die preußische Grenze. Die von Berlin entgegengeschickte Abtheilung des Hofstaates bedurfte auf jedem Relais 350 Pferde.

Im Herbste hatte die Kurfürstin Fräulein von Pöllnitz, die vertraute Freundin von Sophie Charlotte, eine Dame von dem glücklichsten Humor, zu ihrer Gesellschaft bei sich.

Am 31. Januar 1707 wurde Sophie der erste Urenkel geboren, es war der älteste Sohn des Kurprinzen Georg und Karolinens, der später als Prinz von Wales gestorbene Friedrich Ludwig. Die Kurfürstin erlebte noch die Geburt von 3 Töchtern aus dieser Ehe. — Im Herbste desselben Jahres wurde ihr auch in Berlin ein Urenkel geboren; der Prinz starb jedoch schon nach wenigen Monaten. Man sagte, die heftige Kanonade bei seiner Taufe, bei welcher der englische Gesandte Lord Raby Sophie als Pathe vertrat, habe ihm epileptische Krämpfe verursacht. Im Juli 1709 wurde dem Kronprinzen von Preußen eine Prinzessin geboren, im August 1710 ein Prinz, der jedoch auch schon 11 Monate später starb. Am 24. Januar 1712 ward Friedrich der Große geboren, bei dessen Taufe die alte Kurfürstin abermals zu Gevatter gebeten wurde.

Das Leben der Kurfürstin bewegte sich allmählich in engern Kreisen. Im Februar 1707 machte sie wieder einen Besuch bei Anton Ulrich, der sie hoch verehrte und alles aufbot um sie zu erfreuen. Sie erhielt das gute Einvernehmen mit Anton Ulrich auch dann noch, als der 77jährige Greis 1710 katholisch wurde; sein Tod am 27. März 1714 war der letzte tiefe Schmerz, den sie zu beweinen hatte.

Auch ihre Schwester, die Äbtissin von Maubuisson mußte sie im Februar 1709 vor sich sterben sehen. Doch brachte ihr dies Jahr, während der Kronprinz von Preußen bei der Armee war, die Freude eines längeren Besuches der Kronprinzessin. Die stillen Tage, deren Zahl immer größer wurde, füllte sie, so oft Leibniz in Hannover weilte, durch die Unterhaltung mit ihm, daneben durch ihre große Correspondenz aus. Ihre Briefe aus dieser Zeit zeugen davon, daß die Spannkraft und die Frische ihres Geistes nicht nachgelassen hatten. Als Leibniz 1711 durch eine Verletzung am Beine längere Zeit in Berlin zurückgehalten wurde, schrieb sie ihm, Seine Preußische Majestät sei über seinen langen Aufenthalt in Berlin ungehalten, halte die Krankheit für erdichtet und glaube, er sei in Berlin, um zu spionieren, während man doch in Hannover auf die Angelegenheiten anderer Menschen gar nicht neugierig sei. Aber auch der Kurfürst, sein Herr, habe über seinen Fall nur gelacht und sich mißfällig darüber geäußert, daß Leibniz lieber in Berlin als in Hannover lebe; denn nicht die Füße schätze man am meisten an ihm, sondern den Kopf.

Die Kämpfe der englischen Parteien am Hofe und im Parlamente beschäftigten Sophie lebhaft. Als durch den Sturz des Herzogs von Marlborough die Tories unter Bollingbroke an das Ruder des Staates gekommen waren, glaubte Sophie die Interessen ihres Hauses ernstlich gefährdet. Die Idee, selbst nach England zu gehen, hatte sie schon seit der Gesandtschaft des Lord Halifax aufgegeben, aber jetzt hielt sie es für angemessen, daß wenigstens ein Glied ihres Hauses sich in England aufhalte, um für den Fall des Todes der Königin ihre Interessen wahrzunehmen. Am geeignetsten hielt sie zu diesem Zwecke den Kurprinzen. Dieser hatte als Herzog von Cambridge Ansprüche auf einen Sitz im Oberhause, und es wurde wiederholt versucht seine Einberufung zu fordern.

Im Jahre 1713 hatte Sophie die Freude, Peter den Großen, der ihr schon sechzehn Jahr früher ein so warmes

Interesse eingeflößt hatte, wieder zu sehen. Dieses Mal kam der Czar nach Hannover. Von Harburg aus eingeholt, kam er am 1. März in Hannover an. Kaum angelangt, begab er sich sofort zur Kurfürstin, in deren Zimmern er den Abend verbrachte. Am 2. März wurde bei Hofe Tafel und dann Maskerade gehalten, bei welcher der Czar den Ball mit der Kurfürstin durch einen polnischen Tanz eröffnete. Auch den folgenden Tag widmete sich der Czar fast nur der Kurfürstin, bei der er den Abend verbrachte, während der Hof wiederum die Redoute besuchte. Am 4. März um 6 Uhr morgens reiste der Czar über Burgdorf und Peine nach Salzdahlum, um dem dort residierenden Herzoge von Braunschweig einen Besuch abzustatten. Die schon früher erfolgte Ernennung Leibnitzens zum russischen Geheimen Justizrathe mit einem ansehnlichen Gehalte darf zum Theil wohl auch als eine Huldigung des Czaren gegen die Kurfürstin angesehen werden, die sich nicht minder darüber freute, daß Kaiser Karl ihren Günstling zum Reichsfreiherrn und zum Reichshofrathe machte.

Nach langem Schwanken beschloß man endlich durch den hannoverschen Gesandten in London, Baron Schütz, das Einberufungsschreiben für den Kurprinzen zum Eintritte ins Oberhaus zu fordern. Die Königin Anna fühlte sich durch diesen Schritt, in dem sie einen Beweis des Mißtrauens zu erkennen glaubte, tief verletzt und schrieb in diesem Sinne an die Kurfürstin. Ihr Brief vom 19. Mai 1714 mißbilligt den Schritt des hannoverschen Hofes, enthält jedoch zugleich die erneuerte Versicherung, daß sie an der hannoverschen Succession unverbrüchlich festhalte. Man hat behauptet, der Verdruß über diesen Brief habe den Tod der Kurfürstin herbeigeführt, allein um den Tod einer Frau von fast 84 Jahren zu erklären, ist es nicht nöthig, nach besondern Gründen zu suchen. Antwortete doch Sophie selbst im Herbste 1713 ihrem Sohne, der sie bei Gelegenheit eines Unwohlseins zur Vorsicht in der Diät aufforderte: Bei einer Frau von meinem Alter kann man sich nur wundern, daß sie noch lebt, aber nicht darüber, daß sie einmal krank wird.

Der Tod ereilte Sophie schmerzlos. Am 8. Juni ging die Fürstin gegen Abend gewohnter Weise im herrenhäuser

Garten spazieren. Heraufziehendes Gewölk trieb sie zu eiliger Heimkehr ins Schloß. Im Gange, auf dem sie das Gefolge hinter sich ließ, sank sie plötzlich nieder. Ein Schlagfluß hatte ihr reiches Leben geendet. Die Kunde von ihrem Tode erfüllte den Hof und das Land mit stummer Trauer. Leibnitz, der eben in Berlin war, brach in laute Klagen aus; das letzte Band, das ihn an Hannover fesselte, war zerrissen. Die Herzogin von Orleans erhielt die Trauerkunde durch ihren Beichtvater. Sie wurde von heftigem Zittern befallen und konnte weder weinen noch athmen. Rührend sind die Klagen, welche sie in ihren Briefen an die Raugräfin ausspricht. „Ich schreibe Euch nicht," sagt sie, „um mich mit Euch zu trösten, sondern um meine Thränen mit den Eurigen zu mischen. Unser Verlust ist unendlich; mein Weinen kann aufhören, aber mein Trauern nie. Diese liebe Kurfürstin war all mein Trost in allen Widerwärtigkeiten, die mir hier zugestoßen sind; wenn ich es ihr geklagt und ihre Antwort empfangen hatte, war ich immer ganz getröstet, nun bin ich wie allein auf der Welt; der Tod ist mir jetzt leicht geworden."

Die Bestattung der Leiche geschah ohne alle Ceremonien. Sofort nach dem Tode wurden die Gemächer der Kurfürstin versiegelt, am folgenden Tage wurde die Leiche in einen tannenen Sarg gelegt und um 12 Uhr nachts von Herrenhausen nach Hannover geführt, wo sie in der fürstlichen Gruft in der Schloßkirche beigesetzt wurde.

Zwei Monate nach Sophiens Tode starb die Königin von England, und Georg I zog über das Meer, um die Krone von England, das Erbe seiner Mutter, in Empfang zu nehmen.

Länger als ein Jahrhundert stand Herrenhausen, wo sich um Sophie ein so reich bewegtes Leben entwickelt hatte, einsam und verödet da; aber der Geist der hohen Frau ist nicht von ihrem Hause gewichen. Hannovers Fürsten sind aus England ins alte Welfenland heimgekehrt, und Herrenhausen, wo die Gemächer der Kurfürstin mit frommer Pietät erhalten werden, ist wiederum der Sitz eines durch edle Sitte, durch hohe Regententugenden und durch den Glanz der Kunst verschönerten Hoflebens geworden.